Compact
コンパクト版 保育者養成シリーズ

谷田貝公昭・石橋哲成[監修]
大沢 裕・髙橋弥生[編著]

新版 保育内容総論

一藝社

監修のことば

　本「保育者養成シリーズ」(全21巻) は、厚生労働省から出ている「教科目の教授内容」(「指定保育士養成施設の教授担当者が教授に当たる際の参考とすること」) に準拠したものである。

　2012年から刊行を開始し、2015年に全巻の完成をみた。おかげさまで、全国の保育士養成の大学・短期大学・専門学校等でテキストとして使われ好評をいただいてきた。

　ところが、2017 (平成29) 年に、「幼稚園教育要領」「保育所保育指針」「幼保連携型認定こども園教育・保育要領」の改訂 (改定) がそろって告示され、2018年4月より施行されることとなった。

　そこで、各巻の編者と著者に、先の3法令と不具合がないかどうか、検討作業をお願いした。不具合のあるものについては、書き改めてもらった。

　よく「教育は結局人にある」といわれる。この場合の人とは、教育を受ける人 (被教育者) を指すのではなく、教育をする人 (教育者) を意味している。すなわち、教育者のいかんによって、その効果が左右されるという趣旨である。そこで、教育を保育に置き換えると、「保育は結局人にある」となり、十分通用するといえる。

　保育学とか教育学とかは、ある意味において、保育者論、教師論であったといってよい。それは、保育・教育を論ずるとき、どうしても保育・教育を行う人、すなわち保育者・教師を論じないわけにはいかないからである。

今も昔も、保育の成否が保育者の良否に係っているといってよい。昔と比べて、保育制度が充実し、施設設備が整備され、優れた教材・教具が開発された今日においても、保育者の重要性に変わりはない。なぜなら、施設等がいかに優れたものであっても、保育者の取り扱い方いかんによっては、無益どころか、誤らせることも起こり得るからである。

　保育者の仕事は、本質的な意味においては、小学校以上の学校の教師と異なるものではない。しかし、対象である被教育者の発達的特質、すなわち、未成熟であるということと、それに伴う発達の可能性が大であるということからくる点に特徴がある。したがって、保育の方法や保育の内容などでも、小学校以上の方法や問答とはかなり異なったものがあるのである。

　したがって、保育者は、乳幼児期の発達上の諸課題とそれを実現させるための諸条件、そして、その働きかけのさまざまな方法を認識していなければならない。そうした面で、本シリーズを役立てていただければ幸いである。

2018年3月吉日

　　　　　　　　　　　　　　　　　　　監修者　谷田貝公昭
　　　　　　　　　　　　　　　　　　　　　　　石橋 哲成

まえがき

　現代は、かつてないほどの、質の高い保育が求められている時代である。その大きな理由の1つは、保育に対する社会の意識が深まったことにある。それは、教育基本法を待つまでもなく、人格形成の基盤として、保育の重要性が認識されてきたからである。保育者は、社会のさまざまなニーズに応えながら、自らの保育を実践していかなければならない。

　この多様なニーズに応える保育を行うためには、保育者は、単に自身の得意とする分野に力を発揮して保育をするだけでなく、子どもにとって、幅広い範囲の望ましい経験を保障することが求められる。

　こうしたことを踏まえるならば、保育の内容を「各論」としてだけではなく、「総論」として学ぶことは一層重要だと考えざるを得なくなる。なぜなら、子どもが実際に経験する内容、経験すべき内容、保育者が指導する事柄は、常に子どもの知情意・身体の総合的活動に基づくものだからである。また、子どもの遊び・生活は、多様な形態に変化しうるものであり、保育者は、それに柔軟に対応する必要がある。

　保育者になろうとする者は、保育内容を概説として学びながら、各論に進むべきであり、また各論を学びながら、学習したものを相互に結びつけるべきである。保育内容についての学びは、この2つの方向がある。保育内容総論は、保育者養成課程の中で学ぶべき授業科目名でもある。授業科目としての保育内容総論は、初年次に配当する学校もあれば、卒業年次に近い学年に配当する学校もある。それは、上に述べた、2つの方向のどちらかを重視してカリキュラムを配列した結果である。本書は、このどちらのタイプの養成校でも、教科書として有効に使用できるよう工夫してある。また本書の内容は、平成29年3月告示の幼稚園教

育要領、保育所保育指針、幼保連携型認定こども園教育・保育要領の内容に準拠したものである。今回の本書の改定・増刷の変更箇所は、比較的わずかで済ますことができた。これも本書の企画自体が、時代と同じ方向を向いていたからであろう。

　この書を執筆した先生方は、全国の保育者養成機関で活躍している熱き志士ばかりである。本書の行間からほとばしる保育への情熱を、感じ取って頂ければと考えている。この書の構成・編集において不備があるとすれば、ひとえに編者の力不足である。今後のブラッシュアップのために、ご批判・ご指摘頂くことを心より願っている。

　なお、この書の刊行にあたっては、一藝社の菊池社長がリーダーシップを発揮し、出版にこぎつけるまでは、一藝社の全ての方々が支援してくれた。中でも編集の藤井さんは、多くの仕事を抱える中で、誠実かつ真に的確にこの作業を担当してくれた。心から感謝の言葉を述べることにしたい。

　本書の刊行が保育者にならんとする者たちにとって、少しでも糧となれば、編者としては、これに勝る幸せはない。

2018年3月吉日

　　　　　　　　　　　　　　　　　　　　編著者　大沢　　裕
　　　　　　　　　　　　　　　　　　　　　　　　髙橋弥生

もくじ

監修のことば 2
まえがき 4

第1章　保育内容とは

第1節　保育の基本 9
第2節　保育の目的・内容・方法の関連 12
第3節　各要領、指針に見られる「ねらい」と「内容」 15

第2章　保育内容の区分

第1節　子どもにとって望ましい総合的な経験・体験 18
第2節　5領域の概要 20
第3節　領域区分の意味 23
第4節　領域と教科の違い 25

第3章　保育内容の歴史―欧米の場合

第1節　近代と現代 27
第2節　欧米の歴史から学ぶ保育の内容 33

第4章　保育内容の歴史―わが国の場合

第1節　戦前の保育内容 36
第2節　戦後の保育内容 39
第3節　平成の保育内容 42

第5章　教育と養護の関連

第1節　「教育」とは 45
第2節　「養護」とは 46
第3節　養護と教育の関連 48
第4節　しつけと保育 51

第5節　安全への配慮　52

第6章　保育内容と遊び

第1節　遊びとはなんだろう　54
第2節　乳幼児期の遊びの特徴　59

第7章　個と集団の育ち

第1節　個性の育成　63
第2節　社会性の育成　64
第3節　個と集団の関係　65
第4節　協同する経験　68
第5節　異年齢児との交流　69

第8章　保育内容の改善──観察と記録の意義

第1節　なぜ保育において記録が必要なのか　72
第2節　毎日の保育に生かす記録　74
第3節　評価と小学校への接続　78

第9章　保育の一日の流れ

第1節　小学校と保育、一日の流れの違い　81
第2節　幼稚園・保育所・子ども園における
　　　　一日の流れ、その具体例　82

第10章　乳児・低年齢児の保育内容

第1節　乳児保育の意義と役割　90
第2節　年月齢別発達と保育　94

第11章　3歳児の保育内容

第1節　幼稚園入園──初めての集団生活　99
第2節　3歳児の遊び　103
第3節　個人差・月齢差に配慮した3歳児保育　105

第12章　4歳児の保育内容

第1節　4歳児の遊び　*108*
第2節　4歳児の生活　*111*
第3節　4歳児のクラス活動　*113*
第4節　保育内容と保育者の援助　*115*

第13章　5歳児の保育内容

第1節　運動的側面の発達と保育内容　*117*
第2節　言葉の発達および思考力の芽生えと保育内容　*118*
第3節　人間関係の発達と保育内容　*121*

第14章　地域と結びついた保育内容

第1節　地域との交流　*126*
第2節　保育における地域資源の活用　*128*
第3節　家庭との連携　*132*

第15章　これからの保育内容

第1節　子ども・子育て支援新制度に対応して　*135*
第2節　長時間保育に対応して　*136*
第3節　小規模保育に対応して　*138*
第4節　多文化共生保育に対応して　*139*
第5節　特別支援に対応して　*140*
第6節　情報化社会に対応して　*142*

監修者・編著者紹介　*144*
執筆者紹介　*145*

第1章　保育内容とは

第1節　保育の基本

1　人格形成の基礎

　乳幼児を育てる目的、それは、子どもの人格を形成することにある。保育という言葉を用いようと、教育という言葉を用いようと、そのことにいささかも違いはない。教育基本法第11条には、乳幼児期は、人格形成の基礎が培われる時期であることが明記されている。
　それでは人格とは何か。それは、いわゆる人格者（徳の高い人）という言葉で示されるような狭い意味に限られたものではない。人格を有するとは、広い意味での人間性（humanity）を指し、各人なりに人間固有の特性を発揮することである。

2　環境による保育

　そしてこの人間性を培うためには、乳幼児期には、環境による保育が重要になる。この環境という意味は、保育者や教師が子どもを取り巻く環境の1つとなり、この環境を調整・構成することにより、乳幼児期の子どもたちは、自らを成長させる、ということである。もちろん、保育者・教師が環境の1つとなると言っても、子どもへの直接的な働きかけを否定するものではない。子どもの周囲にあって、直接的・間接的な働きかけをなす総体、そのもの・事柄を、環境と称するのである。したがって、この環境は、人的環境を排除するものではない。むしろ、物的

環境の影響を大きく上回って、人的環境が子どもに深い影響を及ぼす。子どもを取り巻く周囲の事物の多くは、人間の手によって配置・構成されたものである。すなわち子どもを取り巻く環境の多くは、人間の意図が直接・間接に反映されたものである。

3 乳幼児期にふさわしい生活とは

それでは乳幼児期にふさわしい生活とはどのようなものであろうか。保育の視点から考えられること、それは、子どもが発達および幸福に向かって進みつつある生活、自らを向上させつつある生活である。乳幼児期にふさわしい生活は、その時々において、より良く生きることである。「その時々」というのは、人格形成は、その基礎から見たとき、後に来る段階の準備、予備段階に過ぎないものと捉えられてはならないということを意味している。もし小学校入学、就学のための準備教育としてすっかり保育・幼児教育が利用されるならば、それは全く一面的な考え方である。乳幼児期には、その時期固有の生き方があり、その生き方を貫き、充実させることによって、結果として次の段階へと進むものなのである。

4 個性に応じた指導

子どもは本来個性的である。個性という言葉で誤解されやすいことは、他の人間には持ち得ない特性・能力を誰でも持つことができるに違いない、という幻想である。なるほど、子どもは人格としては、地球上で唯一の存在である。しかし、地球上の誰も持ち得ないような能力を持っている人間が、世間にどれほどいるだろうか。

私たちが個性を現実として考えるとき、子どもに願いを持つとすれば、例えば、誰よりも勇気を持ってほしい、健康であってほしい、賢明であってほしい、人に優しく親切で寛容な人柄であってほしい、という願いである。しかし願いは必ずしも現実化されるとは限らない。ただ地球

上で一度限りの個性を、理念と捉えることは必要である。しかし一層重要なのは、子ども素質・特質を踏まえ、現実に目を見開き、保育者が早いうちからその子どもの可能性を見抜き、素質・特質を、最善の形で開花させることである。

5 計画的な環境の構成の必要性

この場合に重要なのは、乳幼児を取り巻く環境を計画的に構成していくことである。しかしそれは決して、保育者が環境を用意して、子どもを操作するということではない。どんな場合でも、保育者の計画は、子どもの発達と幸福に従属するものでなければならない。もし保育者が一旦計画を立てたとしても、子どもの発達と幸福に資するものでない場合には、もちろん直ちに修正が求められることになる。

6 保育者の役割

保育者の役割は、計画的に環境を構成し、乳幼児の発達を促し、幸福を保障し、人格形成の担い手となることである。

しかし保育者が他の職種の人間とは違うところ、それは、保育者の人格がそのまま子どもに影響を及ぼすことである。先に人格とは徳の高い人間の特徴に限らないと述べた。これと矛盾するように見えるが、理念としての保育者には、明らかに高い徳目を供えた人格が求められている。しかし保育者の誰しもが聖人君主になるべきだということではない。子どもに対して、親切・誠実・寛容であり、勇気があり、しかも子どもに対して、差別のない愛情を注ぐ者、不正に対しては毅然とした態度をとり、自己の行動に対して責任を感じ取る者でなければならない。

今述べたように、誰しもが聖人君主になれるわけではないのだから、現実には、絶えずそこに近づこうとする努力、その姿勢が根底になければならない。切磋琢磨し、自己を向上させる態度こそ、保育者の根本態度である。しかも保育者は必ずしも、知識を過剰過ぎるほど持つ必要は

ない。むしろ学んだ知識を実践に生かすもの、「知行合一」を実践するものでなければならない。

　一方では、保育者は環境の計画的な構成者であること、そしてまた望ましい人格者たるべきであること、この2つの要素は、保育内容と密接にからんでいる。というのは、環境の構成なしには、子どもに経験・体験してほしい事柄も達成できないし、また子どもが望ましい方向に向かうのも、保育者の、その人としての人柄が子どもに強く感化を与えていくからである。保育者の人柄がどのようであるかによって、子どもの体験も全く違ったものになる。例えば、見知らぬ他者から与えられた折り紙と、いつも自分のことを思いやってくれる保育者が心を込めて選んで渡した折り紙とでは、物質としては同じでも、その子にとって、違った意味を持つことになる。

　このように、保育の内容には、環境構成という視点と、人格的交流という2つの視点があり、この2つは密接に絡み合ったものである。

第2節　保育の目的・内容・方法の関連

1　保育の目的・内容・方法

　次に保育の内容を、保育の目的、保育の方法との関連で考えてみる。
　先にも述べたように、保育する目的は、人間性の基礎を育むことと言ってよい。人間性は、この場合、より広い意味で捉えた方が良い。広義の人間性とは、人間固有の性質であり、人間以外の生物とは区別される特徴である。人間学的には、人間としての特徴は、直立姿勢、言語の使用、道具の使用、表象機能の獲得などを挙げることができる。また別の観点では、人間固有の知性、人間固有の感情、人間固有の身体力・運動能力、また人間としての意志力といった観点から捉えることもできる。

このようにさまざまな視点から人格、あるいは人間性を考えることができるが、平たく言えば、人間の特徴は、自己中心的にのみ生きるのではなく、自分を差し置いてでも、他者のために尽くし生きることができる、ということである。これが広い意味での道徳性である。別の言い方をすれば、精神的に生活するということである。保育の目的は、何らかの関係で、この広い意味での精神生活と関わらなければならない。これは家庭にあっても、保育所にあっても、幼稚園にあっても、認定こども園にあっても根本においては変わるところはない。

そして乳幼児期における人格形成の目的に目を向けたとき、その目的を達成させるための、具体的な中身、これが内容ということになる。この内容は、後述するように、保育者が指導する事柄と、乳幼児が経験・体験する事柄の2つの側面がある。つまり保育の目的を達成するために、保育者が何をすべきか、乳幼児が何を経験・体験するのか、これが保育の内容を構成することになる。

さらにこの保育の内容を実現するために、教育方法が検討されねばならない。保育の場合には、その方法は「遊びを通じて」と語られることが多い。保育の内容を実施する場合、基本的な保育方法の原理は遊びであり、かつまたその原理を補うのが、生活指導である。

2 保育内容の定義

保育内容は、そもそも全体・総体としてこそ意味を持つ。小学校は、各教科によって構成されるカリキュラムを持つ。しかし幼稚園・保育所では、領域という考え方がある。例えば、幼稚園・保育所・認定こども園には、各領域（五領域）に区分された時間割はない。あるのは子どもの遊びであり、子どもの生活である。

遊びは、「活動それ自体が目的であるような活動」と定義される。また生活は、まさに生きることであり、生きるための所作を身に付ける状態を指している。遊びも生活も、そもそもそのあり方は全体的なのであ

る。よく言われるように、領域は、子どもの遊び・生活を捉えるときの窓である。保育者が多様な窓をのぞく態度を備えていればいるほど、子どもの活動を多面的に捉え把握することができる、というわけである。

3 総論と各論の関係

　全体を捉えずして個別と関わることは、木を見て森を見ず、に等しい。全体の概観を捉えてこそ、細目を受け入れることができるのである。

　保育内容が総合的であるとは、1つには、子どもの経験・指導に偏りがあってはならない、ということを意味する。理想としては、子どもの発達と幸福に資する経験と指導の総体が保育内容である。

　逆に言うと、子どもの発達と幸福に資することなく、かえって逆行する経験・指導も考えられる。子どもが体罰を受けたり、虐待されたりする経験は、まさに保育内容のあり方とは対照であるもの、鋭く対立するもの、むしろ逆行するものである。

　保育内容に関する一つの考え方は、子どもの幸福とは何かを追求し、その幸福が実現するように、経験・指導を秩序づけるということである。各種法規も参考になる。中でも子どもの幸福を実現し、不幸に陥ることを避けるために参考になる法規は、児童憲章であり、児童権利条約であろう。ここでは、子どもを幸福にする各種の条件、子どもの幸福を阻害する各種の条件が法規という形式で述べられている。

　しかし他方では、子どもは特定の時代を過ごし、特定の地域に住まう人間である。子どもが成人期に入るときを一つの到達点と考えるとしても、その時期において、どんな生活が幸福なのかを厳密に予測し確定することはできない。我々は未来学者ではないし、例え未来学者ではあっても、未来を確定的に判断することはできないからである。

　我々にできることは、どのような時代になるにせよ、子どもがどのような地域に住まうにせよ、幸福な時を過ごせる力、その基盤を身につけさせることである。簡単に言えば、それは他者にすっかり依存しなくて

も、自立的・自律的に考え、感じ、判断し、行動することのできる人間である。またどんな困難に出合っても、それに立ち向かうことのできる姿勢・態度を身につけることである。文部科学省は、こうした姿勢を「生きる力」と表現している。もちろん、単に「生きる力」と唱えさえすれば、教育が望ましいものになると考えるのは、愚かな人間のなすことである。生きる力は、自分の能力を全て結集統一させる力と理解されるべきである。保育内容は、「生きる力」を育む経験・体験の総体であり、その経験と体験を実現するよう支援する事柄の全てである。

第3節 各要領、指針に見られる「ねらい」と「内容」

1 幼稚園教育要領の場合

　幼稚園教育要領では「ねらいは、幼稚園教育において育みたい資質・能力を幼児の生活する姿から捉えたもの」となっている。もちろんねらいは、幼稚園教育の目的・目標に従属されるものである。学校教育法では「幼稚園は、義務教育及びその後の教育の基礎を培うものとして、幼児を保育し、幼児の健やかな成長のために適当な環境を与えて、その心身の発達を助長することを目的とする」と述べられている。この目的の下位に、5つの目標が設定されている。これらの目標は、明らかに5領域と同様の区分で整理されたものである。

　そしてこの個々の領域ごとに区分された目標の下位に、さらに「ねらい」が置かれている。このねらいは、1つの領域につき3項目が設定されている。

　すなわち整理すると、幼稚園教育の広義の目的体系は、上位から目的、目標、ねらいの順となって体系化され、細分化されている。

　もちろん保育者が実際に保育のねらいを立てる際には、各幼稚園の教

育目的、子どもの実態を反映させたものでなければならない。しかし要領における「ねらい」は、幼稚園教育の目的を、領域ごとに細分化・具体化したものである。要領の中では、個々の領域の中でねらいが記されているが、それは幼児自身が身につけるべき事柄であり、各ねらいとして記述されている文章の主語は幼児である。

　それでは領域に示されている「内容」の方はどうであろうか。要領では、内容は「ねらいを達成するために指導する事柄」であると明記されている。そうするとこの内容の記述では、保育者が主語になるかのように見える。しかし実際にはそうではない。例えば「健康」の内容（1）は「先生や友達と触れ合い、安定感をもって行動する」とある。この「行動する」主体は、明らかに幼児自身である。つまりここで語られている内容としては、幼児がそう行動するように、保育者が配慮・支援・指導すべきであると語られているのである。

　よく分析してみると、幼稚園教育要領で語られている「内容」は、子どもが実際に経験・体験してほしい中身、そしてまた望ましい幼児の姿を示している。内容は、活動の意味内容であると同時に、望ましく育った姿、すなわち理念という二重構造になっている。

2　保育所保育指針の場合

　保育所における、子どもの育ちを規定するものとしては、保育所保育指針の総則、「保育の目標」の記述がある。そこでは、「子どもが現在を最も良く生き、望ましい未来をつくり出す力の基礎を培うため」と規定され、さらに続いて、6つの目標が明記されている。これは、5領域の目標の前に、養護の目標が位置づけられたものである。

　「ねらい」は「保育の目標をより具体化したもの」であり、「子どもが保育所において、安定した生活を送り、充実した活動ができるように、保育を通じて育みたい資質・能力を、子どもの生活する姿から捉えたもの」であるとされている。つまり生活の中で培われ、発揮される力と

いったものが想定されている。

　これに対応して、保育所保育指針の「内容」は、「ねらい」を達成するために「子どもの生活やその状況に応じて保育士等が適切に行う事項」と「保育士等が援助して子どもが環境に関わって経験する事項」を示したものである。すなわち保育士等が保育を行う際の事項と子どもの経験する事項の2つの面が含まれている。また内容を具体的に見ていくと、幼稚園と同様に、5領域については、乳幼児が実質的な主体（主語）の表現となっている。しかも5領域の内容の表記は、わずかの文言を除いて幼稚園教育要領と同一のものとなった。ちなみに従来、「保育の内容」という箇所で説明されていた「養護」の記述は、総則の「基本原則」の後に移された。

3　『幼保連携型認定こども園教育・保育要領』の場合

　幼保連携型認定こども園教育・保育要領も同様に、5領域に関しては、幼稚園・保育所のねらい・内容と同一と言って良い。ただ保育所保育指針とは違って、養護に相当するものは、総則のうち「幼保連携型認定こども園として特に配慮すべき事項」の中に記載されているのが特徴である。

　ともあれ、どの保育施設であっても、全ての保育の内容が、子どもの発達と幸福の実現をめぐって展開されるものであることに、何ら変わるところはない。

【引用・参考文献】
　内閣府・文部科学省・厚生労働省 編『幼保連携型認定こども園教育・保育要領、幼稚園教育要領、保育所保育指針（原本）』チャイルド社、2017年

（大沢裕）

第2章 保育内容の区分

第1節 子どもにとって望ましい総合的な経験・体験

　保育の場は、保育所、幼稚園、認定こども園であり、そこで行われる保育の内容には基準がある。保育所は保育所保育指針、幼稚園は幼稚園教育要領、幼保連携型認定こども園は幼保連携型認定こども園教育・保育要領である（この章では、今後これらを「保育指針」「教育要領」「教育・保育要領」と略す）。

　この中の保育内容に関する章を見ると「養護と教育」や「領域」という言葉が使われ分類されている。しかし、子どもの活動を理解するとき最も大切なことは、次の2点である。

- ・幼児は安定した情緒の下で自己を十分に発揮することにより発達に必要な体験を得ていくものである
- ・幼児の自発的な活動としての遊びは、心身の調和のとれた発達の基礎を培う重要な学習である

（平成29年告示　幼稚園教育要領　第1章総則より抜粋）

　幼児期は、自然な生活の流れの中で直接的・具体的な体験を通して、人格形成の基礎を培う時期である。従って、保育の目標を達成するためには、必要なさまざまな体験が豊富に得られるような環境を構成し、その中で幼児が幼児期にふさわしい生活を営むようにすることが求められる。

そして、活動は幼児の意識や必要感、あるいは興味と関連して、連続性をもちながら生活のリズムに沿って展開される。保育者は、そのような生活の自然な流れを大切にして、幼児がその生活を充実したものとして、感じるようにしていかなければならない。
　このような配慮に基づく生活、つまり、各領域は単独で指導されるのではなく、幼児の遊びの中で、相互に関連を持ちつつ、総合的に指導されるものである。幼児をより広い世界に導き、幼児は豊かな体験を得られる。
　分かりやすい例として、佐伯一弥が作成した「レスキュー隊ごっこをしている子どもの姿と領域の関係を表す図」を以下に記す（**図表1**）。
　子どもは箱積み木を使って消防署を作り、そこをベース（基地）としてレスキュー隊ごっこを、ダイナミックに楽しそうに行っている。そこ

図表1　レスキュー隊ごっこをしている子どもの姿と領域の関係を表す図

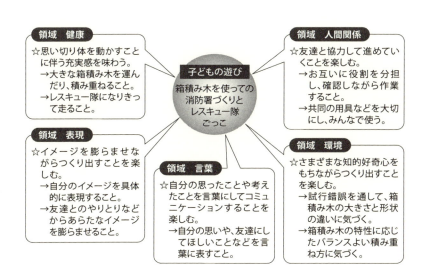

出典：[佐伯一弥、2015] より

で子どもが何を経験しているのか（どのようなことを楽しみながら、その遊びに取り組んでいるのか）、その内容を「領域」という窓口から見ると、(**図表1**) のような捉え方ができる。子どもは、この遊びを通して、体力やコミュニケーション力、さらに知的好奇心やボキャブラリー、想像力・創造力などが身に付くことが期待されるのである。

第2節　5領域の概要

1　領域の意味

　保育指針、教育要領、教育・保育要領では、ねらい及び内容を幼児の発達の側面から5つの領域としてまとめ示している。幼児の発達の心身の健康に関することは「健康」に、人との関わりに関することは「人間関係」に、身近な環境との関わりに関することは「環境」に、言葉の獲得に関することは「言葉」に、感性と表現に関することは「表現」に書

図表2　領域の趣旨

領域	趣旨
健康	健康な心と体を育て、自ら健康で安全な生活をつくり出す力を養う。
人間関係	他の人々と親しみ、支え合って生活するために、自立心を育て、人と関わる力を養う。
環境	周囲のさまざまな環境に好奇心や探究心をもってかかわり、それらを生活に取り入れていこうとする力を養う。
言葉	経験したことや考えた事などを自分なりの言葉で表現し、相手の話す言葉を聞こうとする意欲や態度を育て、言葉に対する感覚や言葉で表現する力を養う。
表現	感じたことや考えた事を自分なりに表現することを通して、豊かな感性や表現する力を養い、創造性を豊かにする。

(筆者作成)

かれているが、指導する時、次のことに留意しなければならない。
・ねらいは、生活の全体を通じ、幼児が様々な体験を積み重ねる中で相互に関連をもちながら次第に達成に向かうものである。
・内容は、幼児が環境に関わって展開する具体的な活動を通して総合的に指導されるものである。

「領域」は小学校以降の学校教育で使用する「教科」とは異なる。このことは乳幼児の保育・教育がその後の教育と異なる重要な点である。

各領域に示している事項は、保育者が幼児の生活を通して総合的な指導を行う際の視点であり、幼児の関わる環境を構成する場合の視点でもある。第1節で説明したように、領域は子どもの活動を見るときの窓口と考えると分かりやすい。

2 ねらい・内容とは

保育内容は「ねらい」と「内容」に分けて書かれている。教育要領と教育・保育要領では、幼児が生活を通して発達していく姿を踏まえ、生活全体を通して、幼児に育つことが期待される心情、意欲、態度などが「ねらい」であり、それを達成するために保育者が指導し、幼児が身に

図表3　ねらい・内容の違い

	ねらい	内容
教育要領 教育・保育要領	幼稚園教育（幼保連携型認定こども園の教育及び保育）において育みたい資質・能力を幼児の生活する姿から捉えたもの	ねらいを達成するために指導する事項
保育指針	子どもが保育所において、安定した生活を送り、充実した活動ができるように、保育を通じて育みたい資質・能力を、子どもの生活する姿から捉えたもの	ねらいを達成する為に、子どもの生活やその状況に応じて保育士等が適切に行う事項と、保育士等が援助して子どもが環境に関わって経験する事項

（筆者作成）

付けていくことが望まれるものを「内容」としている。また、保育指針では「養護と教育を一体となって展開されることに留意する必要がある」ので「ねらい」および「内容」は少し複雑となる（**図表2**）。

このような「ねらい」と「内容」を幼児の発達の側面からまとめて編成したのが、領域であるともいえる。

3　3歳未満児の保育内容

保育所や幼保連携型認定こども園には3歳未満児が在園するので、ねらい及び内容は乳児と1歳以上3歳未満児、3歳以上児に分けて書かれている。また、乳児期は特に発達に特徴がある時期であるので、その発達の特徴を踏まえて、5領域ではなく3つの視点にまとめ示されている。

　乳児に関わるねらい及び内容
　身体的発達に関する視点として「健やかに伸び伸びと育つ」
　社会的発達に関する視点として「身近な人と気持ちが通じ合う」
　精神的発達に関する視点として「身近なものと関わり完成が育つ」

4　養護について

保育指針には第1章総則に「養護」に関する記述があり、保育の内容の教育は、養護と一体となって展開されなければならないと述べられている。一方、教育要領や教育・保育要領には「養護」という言葉は見当たらない。しかし、保育所以外でも養護的関わりは行われている。

幼稚園や幼保連携型認定こども園において、保育内容に「養護」という言葉はないが、養護的関わりは重要である。教育・保育要領では第1章「第3 幼保連携型認定こども園として特に配慮すべき事項」の中に「5 生命の保持や情緒の安定を図るなど、養護の行き届いた環境の下、幼保連携型認定こども園における教育及び保育を展開するに当たっては、次の事項に留意すること」として保育指針の第1章2「養護に関する基

本的事項」に類似した事項がある。また、教育要領では「養護」に関わる直接的な表現はないが、第1章「第1 幼稚園教育の基本」に「1 幼児は安定した情緒の下で自己を十分に発揮することにより発達に必要な体験を得ていくものであることを考慮して、幼児の主体的な活動を促し、幼児期にふさわしい生活が展開されるようにすること」とあるので、これもまた養護的関わりが保育の土台であると述べていると言える。

第3節　領域区分の意味

保育所・幼稚園・幼保連携型認定こども園の保育内容の5領域をそれぞれ詳しく述べる。（**図表2**を参照）

1　健康

健康（生涯を通じて健康で安全な生活を営む）に必要なことは、「幼児期に愛情に支えられた安全な環境の下で、心と体を十分に働かせて生活すること」とある。従って、健康な幼児を育てることとは、単に身体を健康な状態に保つことを目指すことではなく、保育者や周りの子どもたちと信頼関係ができることによって情緒が安定し、伸び伸びと自分のやりたいことに向かって取り組めるようにすることである。

2　人間関係

人間関係（人と関わる力）に必要なことは、「自分が保護者や周囲の人々に温かく見守られているという安定感から生まれる人に対する信頼感をもつこと、さらに、その信頼感に支えられて自分自身の生活を確立していくこと」とある。従って、園生活では何よりも保育者との信頼関係を築くことが必要であり、それを基盤としてさまざまなことを自分の力で行う充実感や満足感を味わうようなるのである。

3 環境

環境（幼児の周囲にある、さまざまなもの）との関わりに必要なことは、幼児が身近な環境に興味をもち、それらに親しみを持って自ら関わるようにすることである。そしてその機会が増えてくると、その大きさ、美しさ、不思議さに心を動かされる。幼児はそれらを利用して遊びを楽しむようになる。従って、幼児がこのような遊びを繰り返すことで、さまざまな事象に興味や関心を持つようになっていく。そこでは、気付いたり、発見したりしようとする環境に関わる態度を育てることが大切となる。幼児は、気付いたり、発見したりすることを面白く思い、別なところでも活用しようとするのである。

4 言葉

言葉（話すこと・聞くこと）は、身近な人との関わりを通して次第に獲得されるものである。人との関わりでは、見つめ合ったり、うなずいたり、ほほ笑んだりなど、言葉以外のものも大切である。幼児は気持ちを自分なりの言葉で表現したとき、それに相手がうなずいたり、言葉で応答してもらったりすると楽しくなり、もっと話そうとする。従って、幼児が言葉で伝えたくなるような経験を重ね、その経験したことや考えたことを自分なりに話すこと、また友達や保育者の話を聞くことなどを通じ、言葉を使って表現する意欲や、相手の言葉を聞こうとする態度を育てることが大切である。

5 表現

表現（心の動きを自分の声や体の動き、あるいは素材となるものなどを仲立ちにして表すこと）では、幼児は、毎日の生活の中で、身近な周囲の環境と関わりながら、そこに限りない不思議さや面白さなどを見つけ、美しさや優しさなどを感じ、心を動かしている。そして、これらを通し

て、感じること、考えること、イメージを広げることなどの経験を重ね、感性と表現する力を養い、創造性を豊かにしていく。さらに、自分の存在を実感し、充実感を得て、安定した気分で生活を楽しむことができるようになる。

従って、日常生活の中で出合うさまざまな事物や事象、文化から感じ取るものや、そのときの気持ちを友達や教師と共有し、表現し合うことを通して、豊かな感性を養うようにすることが大切である。また、そのような心の動きを、やがては、それぞれの素材や表現の手段の特性を生かした方法で表現できるようにすること、あるいは、それらの素材や方法を工夫して活用することができるようにすること、自分の好きな表現の方法を、見つけ出すことができるようにすることが大切である。また、自分の気持ちを一番適切に表現する方法を選ぶことができるように、さまざまな表現の素材や方法を経験させることも大切である。

第4節　領域と教科の違い

保育内容を5つの領域に分類して表示すると、子どもの活動を小学校の「教科」のように5つに分類するように考えてしまうかも知れない。しかし、「領域」と「教科」は全く性格が異なる。

「教科」は小学校以上の学校教育で、使用されている言葉である。その意味を確認するために「保育用語辞典」を調べると、以下のように書いてある。

> 小学校・中学校・高等学校の教育において、教育の目標を達成するために組織された狭隘（きょうあい）を区分するもの、すなわち、児童生徒が学習するべき文化遺産である知識・技術を、学問や文化の体型に基づく教育的な観点から体系的に組織・分類した学習内容のまとまりのことである。

[谷田貝公昭、2016]

　豊かな生活を送るために必要な知識・技術は膨大な量となる。そこで、小学校以上の学校教育で、より効果的に効率よく教育するために、教えるべき内容を整理し系統化した枠組みが「教科」である。まず、内容があり、教科はそれを分類する枠であると言える。

　しかし、幼児期の子どもの活動である「保育内容」は、必要な知識・技術として、あらかじめ決められてはいない。子どもの活動は「遊び」を中心とした生活である。従って、指導する具体的な内容は子どもの興味・関心に伴って変化するのである。しかし、ただ遊ばせておけばよいというわけではない。遊んでいる子どもの姿を5つの視点から総合的に捉え、次にその育ちを5つの視点に的確に読み取って援助することが保育者には求められる。総合的に捉える視点と、5つに分けて捉える視点の両方が保育をする上で必要である。この視点を「領域」を呼ぶのである。

【引用・参考文献】

　佐伯一弥企画編著、金瑛珠編著、鈴木彬子・高橋優子『Wokで学ぶ保育原理』わかば社、2015年

　瀧川光治・小栗正裕編著「新・保育の考え方と実践」久美、2009年

　内閣府文部科学省厚生労働省編『平成29年告示　幼稚園教育要領　保育所保育指針幼保連携型認定こども園教育・保育要領(原本)』チャイルド本社、2014年

　谷田貝公昭編集代表「新版・保育用語辞典」一藝社、2016年

（小野順子）

第3章　保育内容の歴史―欧米の場合

第1節　近代と現代

1　近代と子ども

　近代において産業革命の革新と共に社会的発展がもたらされ、それに伴い人々の生活に少しずつゆとりができるようになると、次第に子どもについて関心が高まるようになった。フィリップ・アリエス（Ariès, Philippe 1914~1984）によれば、近代以前から子どもに対する注目や慈しみはあったが、それが意味あることとして認められたのが近代の功績である。近代において子どもという存在が価値あるものとして認められたのである。

　近代以前には子どもは「小さな大人」として扱われていたが、20世紀になると、児童法が確立され（イギリスでは1908年、ドイツでは1922年に児童法が制定された）、子どものための制度が整えられていった。子どもの生活の改善がもたらされたのである。それと同時に、子どもの教育環境が整えられていった。

　こうした動きは、児童中心主義の思想を確立した。子どものために用意されたさまざまな教育的環境は、子どもの立場を理解するものとして称賛された。そこでは、子どもの自由が承認され、子どもの主体的な活動が展開されたのである。子どものために絵本や童謡がつくられ、子どものための遊戯や玩具も用意され、子どものための教育環境が整えられるようになった。そして、子どものために幼稚園や保育所、学校教育の制度が確立した。近代において子どもの立場を尊重した教育が展開され

るようになったのである。これは、子どもの時代の幕開けである。

2 近代における保育

　世界で最初に幼稚園を設立したのはドイツの教育者フレーベル（Fröbel, Friedrich Wilhelm August 1782〜1852）である。牧師の息子であったフレーベルは、「小さな大人」として、さげずまれた子どもを守り育てるために、キリスト教を基盤にしながら幼児教育を構築した。フレーベルは子どもの本質を神性と捉えていた。子どもという存在が神との関わりから考えられ、そこから子どもの純粋性や無垢といった要素が導きだされたのである。

　幼稚園（Kindergarten）とは「子どもの庭」を意味し、植物が庭園で育てられる様子を子どもの成長にたとえて名付けたものである。子どもは植物に水をやり、手入れをする中で生命の神秘さを感じ取る。庭園は子どもの成長の場である。

　さて、フレーベルは子どもの遊具として恩物を与えたが、それは神からの恩恵としての贈り物を意味する。恩物には子どもの諸能力を育てること、知性や感覚を養うことのほかに創造性が求められる。遊びは一つのことで完結するものではなく、連続的に発展していくものでなければならない。フレーベルは恩物を通して子どもの教育を豊かなものに構築していったのである。

　また、フレーベルは幼稚園と共に教員養成所を創設し、保育者の養成にも尽力した。その中でフレーベルは次第に保育の仕事を女性の天職として考えるようになった。女性は子どもを身ごもる存在であり、そのときに女性は神との関わりを知って感謝する。フレーベルはそうした点に注目し、保育者としての素養を女性に見いだしたのである。それはまた女性の地位向上にもつながるものであった。当時の女性と子どもは社会的に弱い立場にあり、フレーベルは彼らの保護に尽力しながら、幼児教育を構築しようと試みたのである。そのように女性と子どもを視野に入

れながら、幼児教育の普及が進められたのであった。

　20世紀になると、イタリアの女医モンテッソーリ（Montessori, Maria 1870～1952）が「子どもの家」の指導者として保育に携わった。モンテッソーリは障害児の治療として「教具」といわれる知育玩具を考案し、特に手指を動かすことで脳の刺激に良い影響がもたらされると考えた。これは多くの幼児教育の施設に普及し、特に3歳から6歳までの子どもは自分の手指がいつも動いている状態であれば幸福であると考えられ、モンテッソーリはこの年齢の子どもは、幸福な遊びの時期であると述べている。また、モンテッソーリによれば子どもには「敏感期」といわれる時期があり、子どもは特定のことを集中的に行う。そこに、子どもの能力が発揮される。そして彼女は、子どもにとって良い保育環境を整えるために、さまざまな教具の他に、子どもの身長に合わせた小さな机や椅子などを考案した。それにより子どもは作業を容易に行うことができるのである。こうして児童中心主義の保育が構築されたのである。

　同時代には、またドイツの教育者シュタイナー（Steiner Rudolf 1861～1925）が幼児教育の発展に努めている。シュタイナーは発達過程を重視し、子どもが大人になるまでの時期を7年周期ごとに3段階で捉えている。そのなかで7歳までの乳幼児期は人間の成長・発達の土台になる時期と考えられた。そして誕生したばかりの子どもは少しずつ外的環境に慣れていくように、ゆったりとした自然保育が進められる。シュタイナー幼稚園では、ライアー（ハープ）の優しい音色に、木の素材の遊具や柔らかい布素材の人形が使用される。また乳幼児期には身体の育成が重視され、オイリュトミー（身体表現）が行われる。シュタイナーによれば、子どもは大人に比べると脈拍が速いために、それに呼応してリズミカルに身体を動かすことが必要であり、リズム遊びやオイリュトミーが盛んに行われるのである。さらにこの時期には子どもの意志を育てることが大切であり、シュタイナー教育では、それは芸術によって育まれる。子どもは美しい音色の音楽を聴くことにより、繰り返し何度でも音に合わせて

歌うことを試みるのであり、そこに子どもの意志力が見られるのである。また、シュタイナーは「音楽家としての子ども」という概念を示している。これは、子どもには天性として音楽的素質が備わっていることを示唆しているものであり、それを育成することが保育者の仕事であると考えられた。

　その他にも幼児の音楽教育に関連したところでは、スイスのジャック＝ダルクローズ (Jaques-Dalcroze Émile 1865〜1950) のリトミックが挙げられる。リトミックとは、シュタイナーのオイリュトミーと同様に、心と身体の調和を目指した動きを示す。音楽家ダルクローズは、音を心で感じること、そのために身体でさまざまなイメージを表現することを提案した。リトミックにはピアノ曲に合わせて子どもが1人で行うものから、2人以上の集団で行うものまでさまざまなものがあり、リトミックの動きを通して人との関わりが生まれる。そして音と動きのリズミカルな融合によって子どもの人格が形成される。

　また、ハンガリーのコダーイ (Kodály Zoltán 1882〜1967) も音楽教育の第一人者であり、特にコダーイは子どものわらべうたの教育に取り組んだことで知られる。コダーイは子どもの音楽教育の基本は、楽器の習得よりも歌にあると考え、幼児期の音楽教育は子どもの声を楽器とする歌唱の教育が重視された。また、コダーイの音楽教育では、歌に身体運動を伴うこともあり、音を耳で澄まして聴きながら音楽のイメージをつくりあげていくことが目指される。

　フレーベルによって誕生した幼稚園の設立以降、欧米ではさまざまな幼児教育の取り組みが進められた。そこには、知育偏重を避け、子どもの発達を重視しながら、子どもの主体性や自由を大切にした保育が展開される。これは、児童中心主義の保育といわれるものであり、子どもの立場を尊重した保育の活動として考えられる。

3 現代と子ども

　近代は子どものために、さまざまな制度が整えられ、子どもの立場を考慮した児童中心主義の思想が確立された。それは、子どもの自由を認め、子どもの興味や関心に従い、子どもの主体性を重視した活動を展開するというものである。そこには、子どもの人格の承認も含まれる。

　現代においても児童中心主義の考えは尊重され、子どもが主体であり、客体としての大人が子どもを見守る姿勢が重視される。子どもから発するものを重視し、子どもが生き生きと活動できるように保育の環境が整えられるのである。その一方で近年、大人の教育過熱の傾向から早期教育が進み、子どもの発達に即した教育や子どもの本質に合った教育とは本来どのようなものかを、改めて考え直さなければならない必要性も生じている。また近年、母親の就労から乳児保育が必要になるケースが増えている。育児休業の期間も欧米各国により異なるが、そこには解決しなければならない問題が多くある。さらに、児童虐待の問題等も挙げられ、現代の社会事情の複雑さも露見する。

　そうした中で、現代は子どもも大人も共にあるという考えが尊重されている。大人も子どもも共につくりあげていく保育、大人にとっても子どもにとっても居心地のよい保育が、今日の状況の中で模索されているのである。

4 現代における保育

　こうした現代の事情から保育のあり方も、さまざまなスタイルが見られるようになった。現代では母親の就労に伴い、乳児期から保育が必要であることが一つの課題として挙げられる。その際、どのような保育が利用者にとって望ましいのかということが考えられ、それに応じて保育も多様なあり方が求められるようになった。

　保育の多様性についてはさまざまな例がある。イタリアのレッジョ・

エミリアの教育では、子どもを育てるためのプロジェクトが保育者と芸術家たちとの共同のもとに行われ、それが街全体の取り組みとして実践されている。このイタリアのレッジョ・エミリア市の取り組みは世界的に注目されているが、乳児保育所と幼稚園が運営され、優れたアート教育が行われている。乳児期から一つひとつの材料がどのような素材であるのかを含めてアート教育が行われる。子どもたちのためのアトリエには、アートの材料としての紙などの素材の他、葉や石など自然素材も用意される。子どもたちは材料を前に自由に製作に取り掛かるが、何をどのように生み出すかは子どもの発想に委ねられている。

　その他にも北欧の保育が注目される。自然豊かな土地を背景にした幼児教育の取り組み、全ての子どもに開かれたオープン保育園や保護者が運営に携わる保育所など、さまざまな試みがある。自然豊かな土地を生かした保育では、木々の葉っぱやどんぐり等の木の実、小川のせせらぎ等、全ての材料が子どもの遊びを豊かなものにする。季節の移り変わりと共に、日々刻々と変わる自然の情景が子どもの心を浄化させる。自然が保育の土壌となるのである。また、オープン保育園では全ての利用者が無料で参加しやすいしくみになっているため、親子で自由に過ごせる時間が保たれるのである。

　こうした傾向の中で注目すべきは、利用者自身が保育をつくりあげていくという試みである。従来は、教育者や専門家の方が幼稚園や保育所を設立したが、近年は欧米諸国において、待機児童の問題が生じたことから、利用者の側が自分たちの目的に合わせて、幼稚園や保育所を設立していくという動きが見られるのである。それは、女性の社会進出に伴って、母親の就業率が高くなったことに関連している。欧米社会においてはこの傾向が特に顕著に表れる。しかしながら、こうした動きはまた、待機児童の数を減らすということだけが目的ではない。利用者が安心して活用できるシステムも、同時に考えられるようになった。

　子どもが自然にかつ安心して過ごせる保育環境が必要である。利用者

一人ひとりに合った保育の内容も求められる。子どもの主体性や個性を考え、子どもがゆっくりと自由に過ごせる保育の場所が重要である。利用者自身が保育に関心をもち、子どもが自然にくつろぐことができる環境づくりが大切である。

その他にもさまざまな保育があるが、今後も利用者のニーズに合わせた保育が考えられるだろう。乳児保育のことは母親の就労状況を含めて考えなければならない。保育料の負担額についても、検討しなければならない。また、育児休暇の問題を含めて保育の制度を見直すことも必要である。母親と子どもが共に過ごす時間は大切である。家庭的雰囲気のもとで子どもは安心して育つのである。そうした配慮の上で、現代の保育は子どものためにどのような保育が望ましいかということを、大人と子どもの立場から模索し続けていかなければならないのである。そこには、保育の本質が問われている。

第2節　欧米の歴史から学ぶ保育の内容

誕生した子どもは、母親の保護のもとで育てられる。保育者は母親に代わって子どもの世話をするが、子どもが少しずつ自分一人で生きていくことができるように育てなければならない。基本的生活習慣を身に付けることは重要である。大人が子どもを手助けする度合いは子どもの発達に応じて考えられるが、一人ひとりの子どもの状態に合わせて考慮していく必要がある。

この世に誕生した子どもは弱々しい存在であるが、大人に大切に守り育てられることで少しずつ環境に慣れていき、自分で生きていく力を身につけていくことができるようになる。保育はその手助けとなるものである。

児童中心主義の保育が確立されて以降、子どものためにさまざまな保

育が展開されるようになった。子どもの主体性を大切にしながら、子どもが豊かに成長していくことができるような保育内容が用意される。知育偏重にならないように、戸外での保育や自然を重視した保育など、子どもの生き生きとした活動が展開される。子どもが自然の中で自由に散策しながら、植物や木々を観察したり、自然を生かした遊びを楽しむことは、子どもの成育に必要である。

　この時期はまず子どもの身体を育成することが求められる。子どもは誕生後1年を経過すると歩き始め、身体を動かしたり、さまざまな遊戯を楽しみながら成長していく。子どもがリズムをとりながら身体を動かすことは重要である。また、次第に言葉を話すことができるようになり、子どもは人との関わりから多くのことを学ぶ。言葉は子どもの心を育てるのである。

　子どもは遊びによって日々成長する。子どもの遊びにはイメージが関わっているが、さまざまな現実体験が、イメージの形成にも生かされる。子どもが散策の途中で出会ったモノや事象が遊びの素材になり、イメージ豊かな遊びが展開する。

　保育者はそうした子どものイメージを理解することが望まれる。イメージの中で子どもは自由に心を解き放つ。子どもはイメージで遊ぶのである。また、子どもの歌やお絵描き、絵本の読み聞かせ等の多くの遊びがイメージに関わっている。保育者は子どものイメージが豊かなものになるように、養い育てなければならないだろう。子どものイメージや発想を大人が理解することが大切である。

　保育者は子どもの手本である。子どもは大人を模倣する。模倣からさまざまなことを子どもは学ぶのである。その際、保育者は常に子どもの模範でなければならない。大人が豊かなイメージを持ちながら子どもの保育に携わることは重要である。

　そして、乳幼児期は特に子どもの意志を育てなければならない。子どもは美しいものに出合うと感動する。自然の神秘や不思議さ、芸術の美

しさ等、豊かな子どもの環境を用意することが望まれる。そうしたものに子どもが触れるとき、さまざまなことを「やってみたい」という気持ちになり、子どもの意志が育てられるのである。そうして、いつしか子どもは何度でも繰り返し、さまざまなことに取り組むようになる。保育者の愛情と見守りの中で子どもの健やかな心が育まれるのである。

【引用・参考文献】

アリエス,P.（杉山光信・杉山恵美子訳）『<子供>の誕生―アンシァン・レジーム期の子供と家族生活』みすず書房、1980年

グルネリウス,E.M.（髙橋巖・髙橋弘子訳）『七歳までの人間教育―シュタイナー幼稚園と幼児教育』（シュタイナー教育文庫）水声社、2007年

厚生労働省『保育所保育指針解説書』フレーベル館、2008年

佐藤学監修、ワタリウム美術館編『驚くべき学びの世界―レッジョ・エミリアの幼児教育』ACCESS CO.,LTD. 2011年

モンテッソーリ,M.（吉本二郎・林信二郎訳）『モンテッソーリの教育―〇歳～六歳まで』あすなろ書房、1970年

（馬場結子）

第4章 保育内容の歴史―わが国の場合

第1節 戦前の保育内容

1 明治期

(1) 幼稚園創設期の保育内容

1876（明治9）年、東京女子師範学校に附属幼稚園が創設され、わが国の幼稚園教育が本格的に開始された。東京女子師範学校摂理（校長）には中村正直（1832～1891）、附属幼稚園の監事（園長）には関信三（1843～1880）が就任し、ドイツで、フレーベルの保育法を学んだ松野クララ（1853～1941）が首席保母となった。1877（明治10）年の「東京女子師範学校附属幼稚園規則」によれば、保育の内容は「物品科」「美麗科」「知識科」の3つの「保育科目」の下に、25の「子目」が設けられていた。これは、フレーベルの二十恩物と博物理解、唱歌、説話、体操、遊戯からなっていた。また、附属幼稚園では、一日の保育時間を30分から45分単位の子目で割り振って、保育内容を計画的、系統的に指導していた。

その後、全国各地に幼稚園が設立されていったが、東京女子師範学校附属幼稚園の保育内容がモデルとして普及した。わが国幼稚園草創期の保育は、フレーベルの恩物を中心として、保育時間表に基づいて行われたのである。

(2) 「幼稚園保育及設備規程」と保育内容

1899（明治32）年「幼稚園保育及設備規程」（文部省令）が公布され、幼稚園の保育や設備等についての国の基準が初めて示された。それによ

れば、幼稚園は3歳から小学校就学までの幼児を保育するところで、1日の保育時間は5時間以内、保母1人当たりの幼児数は40名以内である。保育内容は「保育項目」と呼ばれ「遊嬉(ゆうき)、唱歌、談話、手技」の4項目とされた。「遊嬉」は幼児が自由に遊ぶ「随意遊嬉」と、歌曲に合わせて共同で行う「共同遊嬉」からなる。注目すべきは、「遊嬉」を最初にもってきたこと、恩物を一括して「手技」の中に含めて最後にもってきたことである。

(3) 託児所の開設

幼稚園が富裕階級の幼児を対象にして創設され発展していったのに対して、託児所（保育所）は貧困階級の幼児を対象に開設された。わが国最初の託児所は、1890（明治23）年赤沢鐘美(あつとみ)・仲子夫婦によって設立された新潟静修学校付設託児所である。赤沢夫妻は、子守をしている子どもに勉学の機会を与えるために、背負われていた乳幼児を預かって保育をし、本格的な託児所に発展させている。やがて、農繁期の農村に、子ども預かり所が開設されたり、安価な女性労働力を確保するために、工場内託児所も設置されるようになっていった。しかし、幼稚園の普及状況に比べると、託児所の設置はきわめて低調であった。

2　大正・昭和戦前期

(1) 幼稚園令と保育内容

明治末から大正期にかけて「子どもから」を標榜する世界的な新教育運動の影響を受けて、わが国でも大正自由教育が展開された。そうした中で、東基吉(ひがしもときち)（1872～1958）は恩物中心の偏った保育を批判し、フレーベルの根本精神に立ち返って、幼児の自由な遊びを中心とする保育を主張した。また、デューイの教育理論、モンテッソーリ法、ダルクローズのリトミック等も導入され、幼児の生活や遊びを中心とする保育が実践されるようになっていった。幼稚園の普及も進み、幼稚園教育の改善と充実を求める強い要望が出されるようになった。

1926（大正15）年「幼稚園令」（勅令）および「幼稚園令施行規則」（文部省令）が制定された。それまで幼稚園は「小学校令施行規則」のなかで規定されていたが、「幼稚園令」によって独立の幼児教育機関としての法的地位が確立された。「幼稚園令施行規則」に示された保育内容は、従来の「遊戯、唱歌、談話、手技」の4項目に「観察」が加わり5項目となり、末尾に「等」の字が付加されて「遊戯、唱歌、観察、談話、手技等」となった。これは、保育内容を画一的に規定するのではなく、各園がそれぞれの状況に応じて、内容を工夫できるようにとのねらいが込められている。また、自然観察や動物飼育、植物栽培などは「観察」として保育内容に位置づけられたのである。

　この時期に保育界をリードしていったのが、東京女子高等師範学校教授で附属幼稚園主事の倉橋惣三（1882～1955）である。倉橋は、幼児の生活を本位とする「誘導保育論」を提示し、それを「自己充実―充実指導―誘導―教導」という4つの段階に分けて説いた。また、保育内容を羅列して子どもを活動させるのではなく、幼児の生活に即して保育案を立て、保育内容を位置づけていかなければならないとした。こうした倉橋の主張は、その後のわが国の保育に大きな影響を与えていった。

(2) 託児所の保育内容

　大正期に入ると国家が積極的に託児事業に取り組みはじめ、託児所の数は増加した。内務省は、庶民の生計窮迫の救済と社会不安の防止、児童保護のため、公立託児所の設置に努力し、全国の主要都市に託児所が設立されていった。しかし、託児所の保育内容に関する国家基準は示されず、一部の自治体で託児所規程が設けられたにすぎなかった。

　1900（明治33）年、野口幽香（1866～1950）・森嶋峰（1868～1936）によって創設された二葉幼稚園は、1916（大正5）年に二葉保育園と改称される。そこでは、遊びを中心とした保育を行う一方、子どもの生命を支えること、生活習慣の確立や衛生、精神的ケアなどが重視されていた。このように託児所（保育所）には、子どもの厳しい生活現実に基づいた

保育が求められた。

(3) 戦時下の保育内容

満州事変から日中戦争が勃発し、戦争遂行のための国家総力戦体制がとられていくなかで、それまでの自由主義的な考え方が批判され、保育も戦時色が濃くなっていった。

1938（昭和13）年、教育審議会は「幼稚園ニ関スル件」の中で、幼稚園の保育内容について「強健ナル身体ノ基礎」をつくること、「躾ヲ重視シテ……国体に関する敬虔ナル心情」を培うことを求めたのである。また、戦局の緊迫とともに戦時託児所も設置された。そこでの保育は、皇国民主義を信奉する小国民の育成を目指すものであった。

こうした国家主義・軍国主義に基づく保育も、1945（昭和20）年8月15日の敗戦によって終わりを告げるのである。

第2節　戦後の保育内容

1　戦後改革と保育要領

(1) 戦後改革と幼稚園・保育所

戦後改革の中で幼稚園は、1947（昭和22）年3月制定の学校教育法において、学校の1つとして制度化された。学校教育法は「幼稚園は、幼児を保育し、適当な環境を与えて、その心身の発達を助長することを目的とする」（第77条）と規定し、この目的を実現するために5つの目標を定めた（第78条）。

他方、戦前の託児所等は、1947年12月制定の児童福祉法によって「保育所」として制度化され、「保育所は、日々保護者の委託を受けて、その乳児又は幼児を保育する施設」（39条）と規定された。1952年児童福祉法の改定で、保育所は「保育に欠ける」乳幼児を保育する施設となった。

(2) 保育要領の保育内容

　1948（昭和23）年3月、文部省は「保育要領―幼児教育の手引き」を刊行した。これは幼稚園だけでなく、保育所や家庭の保護者にも役立つものとして作成された。保育要領は幼児期の独自性を強調し、「幼児の生活は自由な遊びを主とするから、一日を特定の作業や活動の時間に細かく分けて、日課をきめることは望ましくない」と述べて小学校以上の教育とは一線を画した保育を掲げる。そして、保育内容として「見学、リズム、休息、自由遊び、音楽、お話、絵画、制作、自然観察、ごっこ遊び・劇遊び・人形芝居、健康保育、年中行事」の12項目を示している。この12項目は、幼児の幅広い日常生活の経験を取り込んでおり、経験主義的な考え方に基づいている。保育内容には「楽しい幼児の経験」という副題がつけられている。

2　幼稚園教育要領の保育内容

(1) 昭和31年版幼稚園教育要領

　1956（昭和31）年2月、文部省は保育要領に替わって幼稚園教育要領を刊行した。

　幼稚園教育要領は、保育内容について、小学校との一貫性をもたせるようにし、「健康」「社会」「自然」「言語」「音楽リズム」「絵画制作」の6領域によって系統的に示した。そして、領域ごとに「望ましい経験」を掲げ、保育指導を計画的、組織的に行うこととした。保育要領では幼児の生活に基づいて保育内容を「楽しい幼児の経験」として示したが、幼稚園教育要領では、幼稚園の目標を具体化して6つの領域ごとに「望ましい経験」として示している。幼稚園教育要領においては、領域は「小学校以上の学校における教科とは、その性格を大いに異にする」と述べられているにもかかわらず、領域ごとに「望ましい経験」が示されていたこともあり、幼稚園の現場では領域を小学校の教科と同一視して、領域別の指導をするところも見られ、幼稚園の中に教科主義的考え方が広がっていった。

(2) 昭和39年版幼稚園教育要領

　1964（昭和39）年3月、文部省は幼稚園教育要領を改訂し、文部省告示として発表した。文部省は1958（昭和33）年、小・中学校の学習指導要領を改訂し、法的拘束力をもつ告示として発表したが、昭和39年版幼稚園教育要領も法的拘束力をもつ国家基準として発表されたのである。

　保育内容の6領域はそのまま引き継がれたが、幼稚園と小学校との一貫性の重視が領域別の指導になることを避けるために、各領域は相互に密接な関連があり、幼児の生活経験に基づいた総合的な指導を目指すべきことが強調された。また、領域ごとに「望ましい経験」を列挙することをやめ、幼児が達成することが望ましい「ねらい」を示し、それらを分類、整理したものが領域であるとした。その結果、教科指導的な領域別保育は減少した。しかし「ねらい」を達成するために、幼児の経験や活動の選択、配列に当たって保育者が重要な役割を果たすべきことが述べられていたことから、保育者主導型の保育は依然として続いていった。

3　保育所の保育内容

　1963（昭和38）年10月、文部省初等中等教育局長と厚生省児童局長との連名による通達「幼稚園と保育所との関係について」が出された。ここでは、保育所における3歳以上の幼稚園該当年齢の幼児に対する保育のうち「教育に関するものは、幼稚園教育要領に準じることが望ましい」という見解が示された。

　そして、1965（昭和40）年8月、厚生省は保育所保育指針を発表する。保育所保育指針では、「保育所における保育は、養護と教育を一体的に行うものである」という基本的な考え方が示された。そして、乳幼児期を7つに区分し、区分ごとに領域を設定し保育内容を定めている。1歳3カ月未満および1歳3カ月から2歳までの乳幼児に対しては「生活、遊び」の2領域が、2歳児に対しては「健康、社会、遊び」の3領域が、3歳児に対しては「健康、社会、言語、遊び」の4領域が定められている。

そして、4歳、5歳、6歳児は幼稚園教育要領に準じて「健康、社会、言語、自然、音楽、造形」の6領域が保育内容として示されている。しかし、保育所保育指針は通知として発表され、保育内容充実のための参考資料にとどまり、法的拘束力を持つものではなかった。

第3節 平成の保育内容

1 幼稚園教育要領の保育内容

(1) 平成元年版幼稚園教育要領

1989（平成元）年3月、幼稚園教育要領が全面的に改訂された。改訂に当たっては、幼稚園教育は「幼児期の特性を踏まえ、環境を通して行うものであることを基本とする」ことが明示され「幼児期にふさわしい生活の展開」「遊びを通しての総合的な指導」「一人一人の特性と発達の課題に即した援助」の3つが重視する事項としてあげられた。保育内容についても、それまでの6領域を改めて、子どもの発達の視点から、新しく「健康、人間関係、環境、言葉、表現」の5領域になった。

(2) 平成10年版幼稚園教育要領

1998（平成10）年12月、新しい幼稚園教育要領が告示された。平成元年版教育要領の基本的な考え方を継承し保育内容についても大きな変化は見られないが保育者による計画的な環境構成や保育者の役割の明確化を行った。また子育て支援のための地域に開かれた幼稚園づくりや、いわゆる預かり保育など幼稚園運営の弾力化が示された。

(3) 平成20年版幼稚園教育要領

2008（平成20）年3月、幼稚園教育要領が改訂された。環境を通しての教育という幼稚園教育の基本理念や保育内容について大きな変化はない。改訂において重視されたのは、①子どもの発達や学びの連続性を踏

まえた幼稚園教育と小学校教育との円滑な接続、②子どもの生活の連続性を踏まえた幼稚園と家庭との連携、③障がい児保育の充実、④子育て支援や預かり保育の充実などである。

(4) H29年版幼稚園教育要領

2017（平成29）年3月の幼稚園教育要領改訂のポイントは次のとおりである。①幼稚園教育において育みたい資質・能力（「知識及び技能の基礎」、「思考力、判断力、表現力等の基礎」、「学びに向かう力、人間性等」）を明確にしたこと、②「幼児期の終わりまでに育ってほしい姿」を「健康な心と体」「自立心」「協同性」「道徳性・規範意識の芽生え」「社会生活との関わり」「思考力の芽生え」「自然との関わり・生命尊重」「数量や図形、標識や文字などへの関心・感覚」「言葉による伝え合い」「豊かな感性と表現」の10項目で明確にしたこと、③幼稚園において、我が国や地域社会における様々な文化や伝統に親しむことなど、教育内容の充実を図ったことである。

2　保育所保育指針の保育内容

(1) 平成2年版保育所保育指針

1990（平成2）年3月、保育所保育指針は改定された。改定のポイントは、①3歳未満児は発達の特性を考慮して領域を設定せず、3歳以上についてのみ幼稚園教育要領に準じて「健康、人間関係、環境、言語、表現」の5領域としたこと、②保育内容は〈ねらい〉と〈内容〉から構成され、〈ねらい〉には養護的ねらいと教育的ねらい、〈内容〉には基礎的事項としての養護に関する内容と5領域からなる教育に関する内容が設けられたこと、③「1歳3カ月未満児」という年齢区分を見直し「6カ月〜1歳3カ月」と「6カ月未満」に分けたことなどである。

(2) 平成11年版保育所保育指針

1999（平成11）年10月、保育所保育指針が改定された。改定のポイントは、①保育内容の表示が「年齢区分」から「発達過程区分」に変わっ

たこと、②子どもの発達の特質に応じて「保育士の姿勢と関わりの視点」が新たに設けられたこと、③子どもの人権への配慮が強調され、「児童の最善の利益」に基づいた、保育所保育のあり方が明示されたことなどである。

(3) 平成20年版保育所保育指針

2008（平成20）年3月、幼稚園教育要領の改訂と同時に、保育所保育指針が改定された。今回の改定では厚生労働大臣が定める厚生労働省の「告示」となり、法的拘束力をもつ国家基準として発表された。改定のポイントは、①国家基準として、保育指針の大綱化を図ったこと、②保育所の役割を明確にしたこと、③保育の内容の改善を図ったこと、④保護者支援を保育士の業務として明記したこと、⑤保育の質を高めるため、従来の「保育計画」を「保育課程」と改めたことなどである。

(4) H29年版保育所保育指針

2017（平成29）年3月、保育所保育指針が改定された。改定のポイントは、①乳児・1歳以上3歳未満児の保育に関する記載を充実させたこと、②保育所における幼児教育を積極的に位置づけ、3つの「育みたい資質・能力」と10の「幼児期の終わりまでに育ってほしい姿」を明確にしたこと、③環境の変化を踏まえて健康及び安全の記載を見直したこと、④保護者・家庭及び地域と連携した子育て支援の必要性を示したこと、⑤職員の資質・専門性の向上を明示したことなどである。

【引用・参考文献】
文部省編『幼稚園教育百年史』ひかりのくに、1977年
日本保育学会編『日本幼児保育史』フレーベル館、1975-87年
細井房明・野口伐名・大桃伸一『保育の理論と実践』学術図書出版社、2010年

（大桃伸一）

第5章　教育と養護の関連

第1節　「教育」とは

1　乳幼児期における「教育」の意味

　乳幼児期のおける教育とはどのような意味であろうか。幼稚園教育要領には、第1章総則の最初に「幼児期の教育は、人格形成の基礎を培う重要なもの」としており、幼稚園における教育の意味を明らかにしている。保育所保育指針では第3章に「教育とは、子どもが健やかに成長し、その活動がより豊かに展開されるための発達の援助であり、健康、人間関係、環境、言葉、表現の5領域から構成される」としている。つまり、5領域の内容を教育と捉えており、その意味は子どもの健やかな成長のための援助としている。幼保連携型認定こども園教育・保育要領でも第1章総則の第1-1に「乳幼児期の教育及び保育は、子どもの健全な心身の発達を図りつつ生涯にわたる人格形成の基礎を培う重要なもの」であるとされている。

　表現には多少の違いがあるが、人間の一生に大きな影響を与える人格形成の基礎を養う活動が、豊かに展開するための援助を行うことを乳幼児期の教育であるということができるだろう。またその際に留意すべきことは、小学校以降の学校教育とはその方法が大きく異なるという点である。小学校以降の教育は、教員が教材を基に教えることが基盤になり、学習指導要領には学年で学ぶ知識について示されている。しかし、幼稚園教育要領や保育所保育指針では、生きていく上で必要となる習慣や社

会性、感性、そして自分の気持ちを表現するための、基本的な方法を身に付けることをねらいとした、内容が示されているのである。それらを身に付けるために、子ども自身が主体的に周囲の環境に働きかけることが必要であるとし、保育者はその環境を準備し、子どもの活動を援助することを乳幼児における教育ということができるだろう。

2　5領域で示される教育

　幼稚園教育要領も、保育所保育指針、幼保連携型認定こども園教育・保育要領でも、1歳以上については教育の内容を幼児の発達の側面から「健康」「人間関係」「環境」「言葉」「表現」の5つの領域にまとめて、領域ごとにねらいと内容を示している。3歳以上については、三法令の5領域のねらいと内容は同じになっている。同じ日本に生まれ、同じ権利を持って育つ子どもが、通った施設によって受ける教育に差が生じてはおかしな話であろう。なお、乳児については発達が未分化であることから、「健やかに伸び伸びと育つ」「身近な人と気持ちが通じ合う」「身近なものと関わり感性が育つ」の3領域で示されている。

　また、この5領域は小学校以上の学校の教科のように独立しているものではなく、相互に関連しながら展開されるものであり総合的に捉えるべきである。領域に関しての詳細は本書の第2章に示すとおりであるが、幼児期における教育の本当の意味を十分理解しておく必要があるだろう。

第2節　「養護」とは

　2017（平成29）年に告示された保育所保育指針第一章総則1（イ）には「子どもの状況や発達過程を踏まえ、保育所における環境を通して、養護及び教育を一体的に行うことを特性としている」と保育所の特性を示している。では、保育所における養護とは何を意味するのであろう。

それは保育所保育指針の第1章総則2「養護に関する基本事項」から理解することができるだろう。ここでは養護のねらいと内容を「ア 生命の保持」「イ 情緒の安定」の2つに分けて示している。

1　生命の保持

「ア 生命の保持」では、一人ひとりの子どもが快適で健康・安全に過ごし、健康増進が図られることをねらいとしている。それによって子どもの生命と発達を保障していくということである。そのための保育の内容として掲げられているのは、保育士等が子ども一人ひとりの状態をしっかり把握し、家庭や医師などの関連機関とも連携をとりながら、適切な保育環境を整えることで進めていくように、ということである。また、基本的生活習慣を身に付けることに対して、子ども自身が意欲的に取り組めるように配慮することにも触れている。

2　情緒の安定

「イ 情緒の安定」では、子ども一人ひとりが安定感を持って生活し、自己肯定感を持って自己表現ができ、心身の疲労が癒されることをねらいとしている。そして、ねらいを達成するための内容として、保育士等は子ども一人ひとりの状態をしっかり把握し、その気持ちを受容し共感することで、子どもとの信頼関係を築くことが示されている。またそれを基盤として子ども自身の主体性や意欲が高まる働きかけをすると共に、活動、食事、休息などのバランスを考え、子どもの生活リズムを整えるように、とされている。

保育所とは、人間形成の基礎を培う重要な時期に、生活の大半を過ごす場である。保育所の長い生活時間を考慮して、子ども一人ひとりが安心して安定した気持ちを持ちながら健全な発達ができることを保障し、自発的に意欲を持って生活ができるような人的・物的環境を整えるような配慮をしていくことが、養護の内容と考えることができるだろう。

3 認定こども園、幼稚園

　認定こども園は、0歳から小学校就学前までの子どもに対して教育と保育を発達の連続性に考慮して展開していく施設である。幼保連携型認定こども園教育・保育要領の第1章総則第1－1にも「園児一人一人が安心感と信頼感を持っていろいろな活動に取り組む体験を十分に積み重ねられるようにすること」「乳幼児期においては生命の保持が図られ安定した情緒の下で自己を十分に発揮することにより発達に必要な体験を得ていくものであることを考慮して、園児の主体的な活動を促し、乳幼児期にふさわしい生活が展開されるようにすること」と記されている。つまり保育所保育指針で示される養護の内容が記されている。では幼稚園での保育には養護の内容は必要ないのであろうか。もちろんそうではない。幼稚園は文部科学省が管轄する学校であり、教育の場と区分されてはいるが、そこに通う園児は保育所や認定こども園に通う園児と年齢が重なる。心身の発達が未熟な幼児にとって、生命の保持や情緒の安定が重要であり、それは幼稚園の園児も同じである。幼稚園においても、幼稚園教育要領第1章総則第1－1に「幼児は安定した情緒の下で自己を十分発揮することにより発達に必要な体験を得ていくものである」という記述がある。幼児の安定した情緒を支えるのは周囲の大人であり、幼稚園においては幼稚園教諭がその役割を主に担うことになる。

第3節　養護と教育の関連

1　養護と教育の一体性

　前述のとおり、保育所は「子どもの状況や発達過程を踏まえ、保育所における環境を通して、養護及び教育を一体的に行うことを特性として

いる」。「養護と教育を一体的に」という考え方は1965（昭和40）年に、最初の保育指針が制定されたときからの基本的な考え方で、保育に欠ける児童の保育を行うことを目的とする保育所であっても、その保育については教育に関する事項を含み、保育と分離することはできないと考えられてきた。この基本的な考え方はその後の保育指針改定においても変わることはなく、現行の保育所保育指針に引き継がれている。また、OECD等の国際機関においても、幼児教育・保育に関しての表現としてChildhood Education and Careとして教育と養護を一体的に示している。保育の展開においては、子どもの生活や遊びの中で、養護と教育の2つの機能は常に一体的に発揮される必要があると考えられているのである。

2 保育者の関わりから考える

保育者の関わりから考えた場合には、養護とは子ども一人ひとりの状況に応じて保育者が適切に行うものである。例えば保育所保育指針の養護の内容①に「一人一人の子どもの平常の健康状態や発育及び発達状態を的確に把握し、異常を感じる場合には、速やかに適切に対応する」とある。実際の保育場面で考えた場合、1歳児の機嫌が悪く食欲がいつもより無い状況で、熱を測ったり皮膚の状態を確認したりするなどの対応をし、異常の原因を探り対応するという関わりは、保育者が子どもに対して行うものである。また、機嫌の悪い子どもの気持ちを落ち着かせるように、抱っこしたり手をつないだりして気持ちを安定させるような関わりも、保育者側からの働きかけである。

一方、教育は子ども自身の主体的で自発的な活動を、保育者が援助するものであると考えられる。幼稚園教育要領第1章総則第1には、幼児期における教育を「幼児期の特性を踏まえ、環境を通して行うものである」としている。そして教師（保育者）は「幼児との信頼関係を十分に築き、幼児が身近な環境に主体的に関わり、環境との関わり方や意味に気付き、これらを取り込もうとして、試行錯誤したり、考えたりするよ

うになる幼児期の教育における見方・考え方を生かし、幼児と共によりよい教育環境を創造するよう努めるものとする。」とし、保育者の役割は環境を構成することであることを示している。つまり、保育者が計画的に構成した環境に対して、子どもが主体的に関わりながら遊ぶことで、5領域に示されるねらいが達成できるようにすることが幼稚園における教育なのである。具体的な例を示すと、子どもたちがダンゴムシに興味を持ち始めた時期に、保育者は虫の図鑑や絵本を保育室に用意したり、飼育ケースを準備したりするなど環境を準備し、子ども自身がそれらの環境に自ら関わりながらダンゴムシの飼育を行う、といった関わりである。保育者は直接何かを教えるのではなく、子ども自身の活動がより豊かに展開するような環境を用意することを通して援助していくのである。ただしここでいう環境とは、物的環境だけではなく人的環境も含まれている。つまり保育者自身も環境の一部であり、保育者に対する子どもの働きかけにどのように反応するかによって子どもの育ちに大きな影響を与えるということである。

3　子どもの生活という視点から考える

　保育所は幼稚園に比べ保育時間が長く、その特性上子どもたちの生活を丸ごと援助することになる。そのような場合、当然、子どもの心身の安定、安全、健全な発達といったものが保証されなければならない。であるならば、保育所においては養護が基盤になり、その上に教育が成り立っているように理解されるのではないだろうか。しかし、保育所保育指針では「一体的に」と示されている。では、養護と教育の一体性を子どもの生活から考えるとどのように捉えられるであろうか。
　そもそも子どもの生活を考えると、どこからが遊びでどこからが遊び以外の生活なのか区別することはできない。というのも、子どもの遊びそのものが生活だからである。そして、子どもは遊びを通して心身の発達を促進したり、生活上のさまざまな技術を身につけたり、社会性を身

に付けたりしていくのである。そのように捉えるとき「養護と教育は一体的に展開するものである」という意味が分かるのではないだろうか。どちらか一方を目的として保育することは不可能なのである。子どもにとっては、養護と教育の区別などないのであるから、保育を養護と教育に区別することもできないのは当然である。また、養護が基盤となり、教育はその上にあるという考え方も当てはまらないだろう。なぜなら、養護に関わる保育をしているつもりでも、教育に関わる側面にも影響を及ぼしているからである。養護と教育は子どもの生活の中に同時に存在しており、実際の保育において分けて考えることができないのである。

第4節　しつけと保育

　「しつけ」という言葉は、幼稚園教育要領にも保育所保育指針にも示されていない。しかし乳幼児期にはしつけが必要で、これはその後の社会生活に適応していくためのさまざまな習慣を身に付けることであると考えられる。つまり、食事・睡眠・排泄・清潔・着脱衣の5つの習慣を指す基本的生活習慣と、約束やルールを守ったり挨拶をするといった、行動に関する社会的習慣を身に付けることが、小学校入学までに必要なしつけということができる。しつけは漢字で「躾」と書く。また裁縫における「仕付け」とは、着物をきれいに仕上げるために、仮に荒く縫って押さえておくことを言う。幼児期におけるしつけとは、社会に適応していくための仮縫いをして形を整え、その後に子ども自身がその習慣をしっかり確立していくための方向づけをすることなのであり、決して押し付けるという意味ではないのである。

　基本的生活習慣を身につけることは幼児期の発達課題とされている。その中で、特に食事・睡眠・排泄は生命と直結する習慣であり、乳児期には、一人ひとりに対する保育者の配慮と適切な関わりが特に重要に

なってくる。さらに清潔と着脱衣は、社会生活を営む上で大切な習慣である。この5つの習慣は、乳児期から小学校就学までの全ての期間において、生命の保持のみでなく情緒の安定にも深く関わっているといえる。保育者はそれらを踏まえて保育を進めていく必要があるだろう。

社会的習慣については、同年齢や異年齢の集団と過ごす園生活全体を通して、さまざまな場面で身に付けていくものである。そしてそこには、保育者の教育的意図を持った関わりが重要である。偶発的に起きるさまざまな場面を見逃すことなく、保育に生かす姿勢が求められるのである。

第5節　安全への配慮

子どもが生活する施設で最も注意すべき点は、子どもの安全が確保されていることである。子どもの生命の保持、健全な発達のために、事故、病気、災害などから子どもを守るための安全への配慮は、最優先されるべきである。

1　園内の環境

小学校入学前の子どもの施設で事故が起きるのは、多くの場合施設内である。2016（平成28）年4月に内閣府子ども・子育て本部が発表した「教育・保育施設等における事故報告集計」では「事故の発生場所は施設内が566件（90％）」と発表されている。死亡事故に関しては100％室内で起きており、特に午睡中の死亡事故が目立っている。また、「死亡の報告は14件あり、うち半数の7件は0歳児であった」とされており、0歳児の保育については、かなり安全への配慮が必要であることが分かる。現在認可保育所などでは、乳幼児突然死症候群を防ぐために、0歳児の午睡中は5～10分おきに呼吸の確認をし、うつぶせで寝かせないように注意をしている。このようにこまめな対応をするには、人員配置に

余裕がなければならない。認可外保育施設では保育士の配置が少ない場合もあり、危険性は高まってくると考えられる。それを証明するかのように、先述の内閣府の報告では認可保育所および認定こども園での死亡事故が3名であるのに対し、認可外保育所は9名となり、午睡中の環境について不安が残るのである。

2　災害に対する配慮

　東日本大震災後、災害に対する安全対策を見直した園も多いようである。実際に保育中に地震が来た場合にどのような行動をすれば子どもの安全を確保できるのか、経験者の談話などを参考にしながら事前の検討を十分に行っておく必要がある。避難方法、経路などについても、園がある地域の特性などを考慮しながら、各園独自の避難経路、避難方法を考えておかなければならないだろう。その避難方法に基づいた避難訓練を、繰り返し行っておくことが重要になってくると考えられる。

【引用・参考文献】
　厚生労働省　『保育所保育指針』フレーベル館、2017年
　文部科学省『幼稚園教育要領』フレーベル館、2017年
　谷田貝公昭監修、髙橋弥生・嶋﨑博嗣編著『新・保育内容シリーズ1　健康』
　　一藝社、2010年

（髙橋弥生）

第6章　保育内容と遊び

第1節　遊びとはなんだろう

1　遊びを定義する

　平安時代の今様を集めた『梁塵秘抄』の中に次のような有名な一節がある。今様というのは歌謡のことで、今でいえば流行歌といったところだろうか。

　「遊びをせんとや生まれけむ、戯れせんとや生まれけん、遊ぶ子どもの聲聞けば、我が身さへこそ動がるれ」[川口久雄・志田延義校注、1965]。「子どもは遊び戯れようとしてこの世に生まれたのだろうか。遊んでいる子どもたちの声を聞いていると、私まで自然と動き出すようでおどる心を抑えるのがむずかしい」と歌っている。

　16世紀のオランダの画家ピーテル・ブリューゲル（Pieter Brueghel 1525～1569）の描いた「子供の遊戯」という絵も有名である。この絵はウィキペディア等インターネットで簡単に見ることができるので、是非見てほしい。この絵には、数え方によって違うといわれているが、目立つところにある輪回しをはじめ数十種類もの遊びが描かれている。その中には、鬼ごっこや人形遊びなど、現代の日本でもよく遊ばれているものが多数含まれている。

　このように、昔から子どもは遊ぶものとされていたし、実際に子どもたちはよく遊んでいた。それでは遊びとは何を指すのだろう。遊びとは何かを定義するとなると「遊びとは何かという問題に理屈でかんたんに

答えることは大変に難しいこと」なのである［加用文男、2015］。加用によれば、80年ほど前にヨハン・ホイジンガ（Johan Huizinga 1872〜1945）というオランダの哲学者が、『ホモ・ルーデンス』（1938年）という本の中で、遊びを定義した。するとそれを批判して、フランスの哲学者ロジェ・カイヨワ（Roger Caillois 1913〜1978）が、『遊びと人間』(1958年)という本の中で遊びを定義し直した。それでも遊びの定義として不十分だといって、フランスの哲学者ジャック・アンリオ（Henriot, Jacques 1923〜）が『遊び』（1969年）という本を書いた。アンリオの主張は分かりにくいが、「遊びは（心的な）ノリだ（ゆとりだ）」と言えるという［加用文男、2015］。

　しかし、遊びの研究で知られた加用の言う「遊びはノリだ」も、分かるようで分からない。久保田浩は「わたくしたちは、ともかく『あそび』の正体をとらえたいのである。ところが、このあそびは静止したものではない。つねに流動し、定型をもたないものとおもわなければならない。(中略)むりに枠にはめ、固定化してしまっては、あそびそのものを正しくとらえたことにはならないのである」と言っている［久保田浩、1973、p15］。哲学者たちの定義も不十分、しかも遊びは定型をもたないものと考えなくてはならないとすると、ますます遊びの正体は分からなくなる。また、先の哲学者が挙げた遊びの中に、乳幼児のする遊びは含まれていない。例えば0歳児でも自分の手と手を合わせて遊んだり、言葉ではない声を出すことを楽しんだりしている。1歳児も洗濯バサミを止めたり外したり、飽きずに遊んでいる。ここにはルールも約束事もない。ルールのある遊びを理解して遊ぶようになるのは3歳ごろであり、自分たちで約束事を決めて遊ぶようになるのは5歳くらいである。

　勅使千鶴は、幼稚園や保育園の実践を踏まえて、次のように遊びの本質をまとめている。①年齢に応じて楽しみ、おもしろさを追求する活動、②自主的、自発的に取り組む活動、③身体諸能力の発達をうながす活動、④知的能力を発達させる活動、⑤人と人とを結び、交友性や社会性を形成する活動。そしてこれらの5つの本質がばらばらではなく、総合的に

相互に関わり合っていることを強調している［勅使千鶴、1999］。

　遊びについては哲学者が深く考え、発達や保育を研究する人々も考えてきているが、本章では、先人たちによる遊びの定義の中から、「自発的、自由な活動で、遊びそのものが目的になっている。何かを生産したり秩序立てたりするのではない」ものを遊びと考えたい。

2　遊びを通して保育すること

　幼稚園教育要領には「幼稚園修了までに育つことが期待される生きる力の基礎となる心情、意欲、態度など」という幼稚園教育のねらいが「遊びを通しての指導を中心として」「総合的に達成されるようにすること」とある（第1章 第1の2）。保育所保育指針にも「生活や遊びを通して総合的に保育すること」とある（第1章 3の（2））。幼稚園教育要領にも保育所保育指針にも遊びは定義されていないが、遊びを通して保育すること、と国の法律で決まっているのである。

　遊びを通して保育するということは何を意味しているのだろう。遊びは子どもたちが自由に自発的にするものである。幼稚園でも保育所でも、子どもたち自身は自由に遊んでいると感じているし、そのように場面は設定されなければならない。しかし、幼稚園や保育所は公園ではない。その陰には用意周到に計画を立てている保育者がいる。幼稚園や保育所は保育者の教育的営みが展開される場である。そこが家庭や地域での遊びと異なっている点である。

　保育内容の中心を占めるのは遊びということになるが、遊びは年齢によって違っている。勅使千鶴は年齢によって変わってくる遊びの種類を次のように分類した。①感覚あそび・運動的あそび、②ルールあそび、③模倣あそびから役割あそびへ、④もてあそびから構成あそびへ、⑤あやしあそびからわらべうたあそびへ、⑥ことばあそび［勅使千鶴、1999、pp.68-69］。そしてこれらのあそびが0歳児組から年長組まで、どのように変化・発展していくかを紹介している。

「かくれんぼ」を例にとると、0歳児組や1歳児組では「いない いない ばあ」遊びとして子どもたちは繰り返し「もう1回」と要求する。0歳児組後半から1歳児組前半ごろになると、子どもは隠れたつもり、保育者は見つけたふりをして遊ぶ「かくれあそび」になる。年齢が高くなるにつれ、「追いかけあそび」になり「追いかけかくれあそび」になり、3歳児組後半になると、隠れる側と探す側（鬼）のそれぞれの役が理解できるようになる。しかし3歳児組の子どもたちは、隠れたはいいものの、鬼役の保育者が探し始めると、待ち切れずに「ぼく（わたし）、ここにいるよ」と出てきてしまう。4歳児組になると鬼役ができるようになるが、自分が探すと決めた子しか探さない。5歳児組の子たちは、隠れるときも工夫を凝らすし、探すときも「隠れていそうなところ」を、推理を働かせて探す［勅使千鶴、1999、pp54-67］。

保育者はこのような子どもの発達を踏まえ、子どもの年齢・発達に応じた遊びを提供することが必要であり、遊びを通して保育することは、子どもの発達をふまえて保育をすることと同じである。

3 生活と遊び

年齢・月齢が小さいほど、遊びは生活と密着している。1歳児組の子どもたちが水道で手を洗っている。大人に水を出してもらい、石けんをつけてもらって両手をこすり、また水で流して終わり、といきたいところを、いつの間にかずっと水を触っていたり、石けんの泡を子どもたち同士で見せ合って笑ったり、いつまでも泡で遊んでいたりする。保育者の「お昼ごはんの用意ができたよ。お席にすわってね」と声がかかるまで、キャッキャと笑いながら遊んでいる。

2歳児組の子どもたちが脱いだ服をたたんで籠にしまっている。片付けた子どもから絵本を読んでもらうために椅子にすわる。しかし中には服をたたまずに籠に投げ込んだり、脱いだ服を頭にかぶったりして遊ぶ子が出てくる。「もう、みんなお椅子に座ってるよ。絵本を読み始めて

いいかな」と保育者から声がかかってもまだやめない。

　散歩に行くため、1歳児組の子どもに靴を履かせようとすると「イヤ」と抵抗にあうことがある。2歳を過ぎたころの子どもは特に「イヤ」と言うことが多く「イヤイヤ期」などと言われる。いやだと言うのを無視して大人が無理に履かせると、その子はせっかく履いた靴を両方とも脱いでしまい「おさんぽ、いかない」と怒ってしまう。そんなとき、保育者が「ほら、お靴さんが○○ちゃん遊ぼう、って来たよ。○○ちゃんの足に履いてもらいたいなあって言ってるよ」と言ってそっと子どもの足に近づけてやると「ふーん」と応じて履いてくれる。

　年齢が上がって幼児組になっても、遊びの要素を取り入れると、生活がスムーズに流れることがある。子どもたちはおもちゃを出して楽しそうに遊ぶが、片付けるとなると積極的ではない。保育者が声をかけないと散らかったままになっていることもある。ここでも「（おもちゃ入れの）籠におもちゃたちを入れる競争をしよう。どのグループが早いかな」と遊びの要素を取り入れると、子どもたちはブーブー言うことなく競って片付ける。年長組の子どもたちが廊下の雑巾がけをしている。毎日同じようにしていると飽きてしまい、怠ける子が出てくる。そんなとき、「ここから、向こうの壁まで（雑巾がけ）競争しよう」と保育者が言うと、子どもたちは真剣に廊下を雑巾がけして進んでいく。

　保育所では幼稚園よりも一般に保育時間が長く、幼児だけでなく3歳未満の子どもたちも生活している。遊びの他に食事や睡眠、排泄、衣服の着脱といった生活の場面が多い。子どもたちの生活リズムを作り、守るために、保育者は時間を意識せざるを得ない。「もう給食の時間だから、急いで着替えを終わらせないと」と焦ることもある。「早く、早く」とせき立てると、子どもはかえってそれをしない。子どもたちが「これは遊びだ」と思ってするように、保育者がお膳立てするのは、簡単なことではないが、急いでいるときほど心がけたい。

第2節　乳幼児期の遊びの特徴

1　乳幼児期の遊びは発達に応じて変わってくる

　ヒトは生まれたばかりのときは、首もすわらず、座ることも立つことも歩くこともできない。それが1年から1年半ほどで立って歩いて、手でスプーンを使って食べ「ワンワン」や「マンマ」のような「一語文」といわれる言葉を話すようになる。この間の姿勢・運動・手指の操作・言語の発達は驚くばかりである。
　その後も就学前の6年間に子どもたちは、あたかもさなぎが脱皮して蝶になるかのような目覚ましい発達を遂げる。
　前節でも触れたように、遊びの内容は発達に応じて変わってくる。まだ歩けない赤ちゃんにドッジボールはできないが、ガラガラを手に持たせてやると、飽きずに振ったりなめたりして遊ぶ。年長組の子どもたちはガラガラではもう遊ばないが、お店屋さんごっこなど役割交代のある複雑な遊びを楽しんでいる。
　赤ちゃんが仰向けに寝て天井ばかり見ている時期には、天井から吊るされたモビールや、回転メリーゴーラウンドが良いおもちゃになるが、首が据わって一人で座っていられるようになると、ガラガラのような自分で握って振って遊ぶおもちゃを好むようになる。年齢が上がるにつれ、ボールや積み木、人形など子どもが使うおもちゃも変わってくる。
　年齢の低いうちは、もっぱら一人遊びをしているが、次第に友達と一緒に遊ぶようになり、ルールが分かるようになり、鬼ごっこやしっぽ取りから「ドロケイ」と、複雑なルールのある遊びができるようになる。同じごっこ遊びでも、年少組のしているままごとと、年長組のままごとでは全く違っている。
　遊びが発達に応じて変わることが、乳幼児期の遊びの第1の特徴であ

る。勅使千鶴が、遊びの種類とその発達的な変化をまとめているので紹介する（前掲書、別刷り表より筆者が改編）。

感覚遊びおよびあやしあそび

	0歳児組前半	0歳児組後半	1歳児組前半	1歳児組後半
遊びの例	くすぐり遊び ゆすぶり遊び いないいないばあ	たかいたかい 水面をたたく 顔あそび	大胆な揺さぶり遊び やりとりあそび	運動遊びへ合流 「あがり目さがり目」

模倣あそびから役割あそびへ

	2歳児組後半	3歳児組後半	4歳児組	5歳児組
遊びの例	（並行遊び） 乗り物ごっこ ままごと おうちごっこ 買い物ごっこ	（大人の援助・介入により他の子とかかわる） ままごと 買い物ごっこ	（連合遊び） 電車ごっこ お医者さんごっこ 買い物ごっこ ままごと 劇あそび	（協同遊び） お店屋さんごっこ ままごと 郵便屋さんごっこ 劇あそび

もてあそびから構成あそびへ

	0歳児組後半	2歳児組後半	3歳児組後半	5歳児組
遊びの例	ガラガラで遊ぶ 蓋の開け閉め	積み木やブロックで電車や線路をつくる 砂場でケーキやプリンを作る	頭にイメージしたものを積み木などでつくる 泥団子を作って遊ぶ	砂場で集団で山やトンネルをつくる 折り紙や紙でおもちゃを作って遊ぶ

2　乳幼児期の遊びは発達を促す

　寝返りができるようになった子どもが、少し離れたところにある、おもちゃを取ろうとして寝返りを繰り返し、ついに手に入れる。ずり這いができるようになった子どもが、おもちゃを目指してハイハイで進んでいく。つかまり立ちができるようになった子どもが、テーブルの向こう

に置いてあるおもちゃを取ろうとして、周りを伝い歩きして行き、それを手に入れる。まだ運動能力が十分でない時期から、子どもはおもちゃで遊びたくて、それを取ろうとして運動（移動）の意欲が高まり、結果として運動能力が上がっていく。

2歳児や3歳児はひも通しのおもちゃで、くりかえし遊んでいるが、遊んでいるうちに手指の巧緻性が高まり、それは例えばズボンを自分で上げて履くことにつながっていく。

年長組の子どもたちは、おうちごっこや病院ごっこ、レストランごっこでよく遊んでいる。レストランを開くために、メニューを書いたり、カレーライスやお寿司を紙で作ったりする。その中で文字を覚えたり、数を理解したりするようになる。

大人にとっての遊びは、気分転換だったり仕事の能率を上げるものだったりするが、子どもにとっては、発達を促し支えるものであるというのが、乳幼児期の遊びの第2の特徴である。

3　乳幼児期の遊びと生活は切り離せない

子どもにとって、生活と遊びは別々にあるものではない。前節で書いたように、手を洗っているつもりが水遊びになり、着替えているつもりが、脱いだ服をおもちゃにして投げ合い遊びになる。逆に、着替えも保育者が黙ってシャツを着せるのでなく「ほーら、腕を伸ばしてね、○○ちゃんのおててがこんにちは、って出てきたよ」と遊んだり、廊下の雑巾がけを「誰が一番に向こうの柱まで、雑巾がけして行けるかな」と競争したり「積み木さんが、この箱に入りたがっています」と片付け遊びをしたり、生活も遊びになる要素がいくらでもある。

遊びイコール生活と言ってしまうと正しくないかもしれないが、少なくとも遊びと生活は、切っても切り離せない関係にあるのが、乳幼児期の遊びの第3の特徴である。

4　乳幼児期の遊びを保障すること

　子どもは遊ぶものであり、遊びを通して発達する。さらに言えば、子どもの円満な発達は、遊びなくしてはあり得ない。今日、子どもの遊び場は、大都市を中心に急速に失われてきている。遊び場がないから、集まることもできない子どもたちは、室内で電子ゲームなどをする時間が長くなる。習い事が増え、遊ぶ時間もない。遊びには「時間・空間・仲間」の「さんま（間）」が必須であるが、それがそろうのは、もはや幼稚園や保育園くらいになってしまった。保育者たちは「さんま」を守るプロとして、遊びについて深く学んでもらいたい。

【引用・参考文献】
　川口久雄・志田延義 校注『和漢朗詠集　梁塵秘抄』（日本古典文学大系73）
　　　岩波書店、1965年
　加用文男『「遊びの保育」の必須アイテム』ひとなる書房、2015年
　久保田浩『あそびの誕生』誠文堂新光社、1973年
　勅使千鶴『子どもの発達とあそびの指導』ひとなる書房、1999年
　文部科学省・厚生労働省『幼稚園教育要領・保育所保育指針』（原本）
　　　〈平成20年告示〉、チャイルド本社、2008年

（大槻千秋）

第7章　個と集団の育ち

第1節　個性の育成

1　個性とは

　一般的に、個性とはパーソナリティの独自な性質を意味している。また、独自性だけでなく唯一性ないし絶対的な特性を表す語として用いられることもある。個性は生まれながらにして持っている能力を土台にして、生まれた後のさまざまな周囲との関わりの経験を通して獲得されるものと考えられる。

　保育の現場で出会う子どもは一人ひとりが実に個性的である。活発な子ども、おとなしい子ども、神経質な子ども、のんびりした子どもなど、さまざまな資質や特性を持つ子どもたちそれぞれを、かけがえのない存在として受け入れ、温かく見守ることが保育の基本である。そして、子どもが持つ独自の性格、感性、能力全てを尊重し、それぞれが自分らしさを十分に発揮して充実した園生活を送ることができるよう、子どもの言動に、丁寧に対応していくことが保育者に求められている。

2　個性の育成のために

　子どもたち一人ひとりの個性を尊重し、適切に応答していくことは保育の基本であるが、ここで留意すべきは、個性が美点ばかりでなく欠点をも含んでいるということである。乱暴を働いたり、落ちつかなかったり、引っ込み思案すぎたりなどという否定的な面があって、保育者の目

に「困った子ども」「気になる子ども」と映ることがあったとしても、その子のすることを頭ごなしに否定したり、無視したりせずに、いったんは、その子の姿をあるがままに受け止めることが大切である。その後、なぜこの子は落ちつかないのか、乱暴にふるまうのか、引っ込み思案すぎるのか、その子の辛い気持ちを理解しようと努め、その上で、この子のために自分は何ができるだろうかを問わねばならない。

　子どもは温かく見守られ、ありのままの姿を認められて初めて自分らしい動き方ができるようになり、自己を発揮できるようになる。子どもたちに備わっているさまざまな特性や特徴を否定せず、肯定的に受け止めながら、その子の長所をたくさん見つけ、それらを伸ばすよう指導していくことが大切である。

第2節　社会性の育成

1　社会性とは

　自分の所属する社会の成員として求められる資質を社会性という。乳幼児の社会性は、母子関係、仲間関係などの対人関係、コミュニケーション能力、道徳性などを指して用いられることが多い。

　幼児期は自我が芽生え、他者の存在を意識し始め、自己を抑制しようとする気持ちが生まれる時期である。子ども同士で遊ぶことを通して、自分と違う他者の存在や視点に気づき、相手の気持ちになって考えたり、葛藤を覚えたりする中で、自分の意思や感情を表現し、他者を受け入れることを体験する。こうした体験を通して社会性の基盤が育まれていく。したがって、社会性の芽生えとなる遊びを通した、子ども同士の体験活動の充実が幼児期の重要な課題となる。

2 社会性の育成のために

　幼稚園や保育所での生活は、子どもにとって初めての集団生活の場である。子どもは自分を温かく受け入れてくれる保育者との信頼関係を基盤に自分の居場所を確保し、安心感を持ってやりたいことに取り組むようになる。また園生活になじむにつれ、友達との関わりも増え、その中でさまざまな葛藤を経験したり、友達や保育者と共にいる楽しさや充実感を味わったりして、次第に皆との生活に喜びを見いだしていく。

　このように子どもは保育の場で、家庭ではできないことを体験しながら、友達との関わりを通して自己主張をしたり、我慢をしたり、時には、けんかをして仲直りをしたりすることで、相手にも思いがあることが分かり、次第に互いを思いやり、認め合えるようになっていく。乳幼児期の子どもにとって、保育者や友達と楽しく過ごし、意欲的に行動することによって、自分も相手も大切にしようという気持ちや、人への思いやりが育つことは大変重要である。一人より友達や保育者と一緒の方が楽しいという経験を重ね、考えながら行動したり、友達と協同して遊んだりすることを通して、徐々に社会性を身につけていくように、援助していくことが大切である。

第3節　個と集団の関係

1 集団としての成長

　すでに述べたように、一人ひとりの子どもを大切にすることが保育の基本であるが、しかし子どもたちを集団として扱って、その集団の中で、個々の子どもを育てていかなければならないのも、保育の現実である。保育の場では、子どもは一人で成長していくわけではない。保育者や他

の子どもたちと一緒に遊んだり、生活を営んだりする中で、さまざまなことを学び、身につけていくのである。したがって、子どもの発達過程の個人差に配慮すると共に、子ども相互の関わりを重視し、集団としての成長を促すことが、保育の重要な課題となる。

　4月当初のクラスは、個々ばらばらの「集合体」に過ぎない。それが、子どもたちが互いに関わり合う楽しさや、充実感を感じることができる「集団」へと進化していくように、援助することが保育者に求められる。

　集団生活には対立や葛藤がつきものであるが、集団の持つ力を通して遊びや生活がより豊かになり、個々の子どもが発達の課題や葛藤を乗り越えていくことができるように、援助を展開していかなければならない。

　ここで注意しなければならないのは、管理主義的な集団指導に陥ってはならないということである。保育者の役割は、保育者と子ども、そして子ども同士の心のつながりのある温かい集団を育てることにある。いわゆる集団訓練のような画一的な指導からは、そのような集団は生まれてこない。互いの信頼感で結ばれた集団は、一人ひとりがかけがえのない存在であると捉える保育者の姿勢から生まれてくる。できるだけ一人ひとりの子どもに寄り添いながら、それぞれの良さを生かした集団を形成していくことが求められる。

2　個と集団のあいだの両義性

　3歳以上児になると、グループや組などの集団活動が多くなる。『保育所保育指針解説書』第4章1（3）「指導計画の作成上特に留意すべき事項」にも記されているように、①「… 3歳以上児の指導計画においては、一人一人の子どもの主体性が重視されてこそ集団の育ちがあるという点を十分に認識した上で作成することが重要」である。

　しかしながら、鯨岡が指摘するように、子どもを一個の主体として尊重して育てる面と、集団の一員として育てる面とは、しばしば矛盾・対立するように見える。以下、主に鯨岡の論によりながら、個と集団の間

の両義性について考えてみよう。

　鯨岡によれば、子どもが集団活動を経験するということの中に、すでに両義性がはらまれている。すなわち、友だちに認めてもらって自信がついたり、それまでの遊びを膨らませたり、一緒に活動するのが楽しかったりと、集団の場は子どもにとって自己充実感や自尊心を満たす場である。しかし、その場はまた、おもちゃを取られて泣かされたり、遊びがうまくいかないときに、自分のせいにされて悔しい思いをしたり、集団全体のために今、自分のしたいことができなかったりと、子どもにとって負の感情が働く場でもある。それゆえ、保育者には、子どもの自己充実を支え、集団活動の楽しさを膨らませる一方で、子ども同士のぶつかり合いから生じる葛藤を調整し、人が嫌がることはやめさせ、少しずつ規範やルールに気づかせていくという、両義的な対応が求められる。

　また集団活動は、一方では楽しみや喜びや充実感を感じることができる一斉活動を生み出し、その活動を通して、子どもたちはさらに成長していくことができる。しかし他方で、集団活動は集団を斉一的に動かす圧力を持ち、その圧力のために子どもの思いが押しつぶされたり、集団の流れに流されたりすることも出てくるだろう。このように集団の場は、子どもの成長にぜひとも必要なものであるが、同時に、それは子どもを傷つけ抑え込む可能性をも秘めている。この両義性に敏感であることが保育者に求められる［鯨岡、1998］［鯨岡峻・鯨岡和子、2004］。

　以上、集団活動を指導する際には繊細な配慮が必要とされるということについて述べた。保育者は、集団活動の両義性に留意するとともに、子どもが安心して自己を発揮しながら、グループや組全体での遊びを楽しむことができるような指導計画を作成する必要がある。子どもたちの遊びたいという欲求を充足しつつ、協同して遊びを展開していくことによって仲間意識を高めていくことが大切である。ともに話し合い、協力し合う協同的で組織的な仲間集団の持つ教育力によって、個々の子どもの育ちもいっそう豊かなものになるだろう。個の育ちが集団の成長と関

わり、集団における活動が個の育ちを促すといった関連性に留意しつつ、それぞれの子どもの育ちを見守り、支える姿勢を持つことが求められる。

第4節 協同する経験

1 「協同的な学び」から「協同する経験」へ

　人との関わりにおけるさまざまな経験が、希薄になっている現代の子どもたちの抱える育ちの問題を背景とし、幼稚園や保育所において、子どもたち同士が共通の目的を生み出し、その実現に向けて協力し、工夫し合っていく経験の必要性が、改めて重要視されるようになってきている。

　2005年の中央教育審議会では、幼稚園教育と小学校教育の接続の観点から「協同的な学び」が取り上げられ、幼児期から児童期への発達と学びをつなぐ指導のあり方が検討された。2008年の幼稚園教育要領の改訂では、領域「人間関係」で「協同して遊ぶこと」に関する記述が加わり、他の領域においても、子ども同士が互いに関わりを深める過程を重視した指導のあり方についての記述が加わった。

2 「協同する経験」の意義と発達の時期に応じた援助

　保育者が留意すべきことは、ここで求められている「経験」とは、単に、テーマや目的を外側から与えられて「協力し合う」という形を「体験」するということを、意味していないということである。個々の子どもたちが、人との関わりを深めていく中で、それぞれに自分の思いや個性を発揮できるようになったり、他者の思いや個性に出会ったりという経験を重ね、そこで共に取り組みたいことを見つけ、その目的に向けて皆で力を合わせ共に取り組んでいくという「過程」こそが、重要なのである。

　子どもたちが意見を出しあったり、異なる意見を調整したりして協同

していく姿は、遊びの中でも生活の中でも多く見られる。子どもたちは自分たち同士で折り合いをつけることによって、充実感や達成感、時には挫折感などさまざまな感情を体験し、このような経験を重ねることを通して、考えながら行動したり、きまりの大切さに気づき、守ろうとしたりするなど、生活のために必要な習慣や態度を身につけていく。また、途中であきらめず、友達と一緒に充実感や達成感を味わうことを通して、子どもは物事を最後までやり遂げようとする、集中力や持続力を培っていくのである。

保育者はこのような「協同する経験」の過程を大切にするとともに、発達の時期に応じて、以下に述べるような「協同する経験」につながっていくための、意図的な援助に工夫を凝らさなければならない。

まず、初めての集団生活の中で、子どもがさまざまな環境に出合う時期には、子ども一人ひとりの安定した居場所づくりと、友達が意識できるような保育者の援助が大切である。次に、遊びが充実し、自己表現を楽しむ時期には、自分と同じように相手にもさまざまな思いがあるということに、子ども自身が気づけるような援助が必要である。最後に、人間関係が深まり、学び合いが可能となる時期には、友達との関わりが深められるように子どもの様子を見守り、子どもが達成感や充実感を味わい、体験を学びにつなげていくことができるような援助を、行っていくことが大切である。

第5節　異年齢児との交流

1　縦割り（異年齢）保育とは

日本では、明治初期から年齢別に分けられたクラス集団を単位として保育が行われてきた。この最も一般的な年齢別のクラスごとの保育に対

して、ここでは縦割り（異年齢）保育について述べよう。

縦割り保育とは、異年齢の子どもで、グループやクラスをつくって行われる保育のことである。クラスを決めて、完全に縦割り保育を行っている幼稚園や保育所、認定子ども園もあるが、グループを編成し、1週間のうち何日かを一緒に活動するという形態を取っているところも多い。

縦割り保育のねらいは、子どもたちが年齢の枠を越えて共に学び合い、成長していくことにある。異年齢の子どもと関わることで、社会性や協調性、思いやりの気持ちなどが育まれ、子どもたち同士で育ちあっていくなど、同年齢集団とは違った成果を挙げることが期待されている。また現在、核家族化の進行、少子化、地域における子ども集団の消失など、年齢の異なる子ども同士での遊びの場や経験がないままに、子どもたちが育つ傾向がある。それを補うこともねらいとされている。

縦割り保育の長所は、異年齢の子どもと触れ合うことで、さまざまな刺激を受けることができることである。年齢が下の子どもが上の子を見習ったり、上の子どもが下の子どもを助けたり、かばったりするなど、子ども同士で育ちあっていく姿が随所に見られる。短所としては、年齢の上下がそのまま力関係になって、上の子どもが下の子どもを抑えてしまうことや、上の子どもが下の子どもの「お世話係」になってしまうことなどである。このような縦割り保育の長所と短所を自覚した上で、保育者間の連携を深め、異年齢間での人間関係や、一人ひとりの子どもの育ちを把握していくことが求められる。

なお、異年齢クラスを編成しないと異年齢交流が生れないかと言えば、必ずしもそうではない。クラス間の移動が自由で、保育者が少し工夫することができれば、昼食時や自由遊びの時間帯に、異年齢交流は自然に生まれてくる。さまざまな年齢の子どもたちが共に生活する場という幼稚園や保育所の環境を生かし、異年齢の子どもたちが関わり合うことで、遊びや活動がより多様なものになることが望まれる。

2　小・中・高校生との交流

　異年齢児との交流は、幼児が異年齢児と交流することによって、豊かで貴重な体験をすることを願って行われる。前述した保育所や幼稚園、認定こども園における異年齢児間の交流に加え、最近では幼・保・小の連携をも念頭に入れた、小学生との交流も実施されている。さらに近年、幼児がいる家庭において中・高校生など年齢の離れた兄弟、姉妹関係が成立する可能性が極めて低いことから、中・高校生との交流が、さらに貴重な体験であるとして実施されている。また、小・中・高校生にとっても幼児との交流は、子育ての喜びや大切さ、親の役割などを考える機会として、貴重な体験学習の場となっている。小・中・高校生との交流の実施に際しては、園と学校相互の連絡を綿密に取り合うことが重要である。

【引用・参考文献】

　鯨岡峻『両義性の発達心理学 ―養育・保育・障害児教育と原初的コミュニケーション』ミネルヴァ書房、1998年、pp.204-215

　鯨岡峻・鯨岡和子『よくわかる保育心理学』ミネルヴァ書房、2004年、pp.4-31

　厚生労働省『保育所保育指針解説書』フレーベル館、2008年、p138

　森上史朗・柏女霊峰編『保育用語辞典〔第8版〕』ミネルヴァ書房、2001年

　渡辺英則「『協同的な学び』から『協同する経験』へ」『発達』29巻113号、ミネルヴァ書房、2008年、pp.50-57

（中田尚美）

第8章 保育内容の改善—観察と記録の意義

第1節 なぜ保育において記録が必要なのか

1 保育と記録の関連性

　保育者を志す学生にその理由を尋ねると、そのほとんどが「子どもが好きだから」と答える。子どもたちが社会において初めて出会う「先生」という素晴らしい職業を目指す未来の保育者のその言葉は、何よりうれしい。一方、新人保育者の多くは、保育者の業務の困難さについて、「こんなにも書くことの多い仕事だとは思わなかった」という点を挙げる。新人保育者が熟練した保育者になるための1つの関門として「書く」という行為を保育の営みの中に位置づけることが求められる。

　保育の一日は、あまりに内容が濃くあまりに早い。それゆえ子どもたちとの一日は、あっという間に過ぎ去ってしまう。大正から昭和にかけて日本の幼児教育をけん引した倉橋惣三（1882〜1955）は「子どもらが帰った後」という文章で、保育者の振り返りについて次のように述べている。

　　子どもが帰った後、その日の保育が済んで、まずほっとするのはひと時。大切なのはそれからである。子どもといっしょにいる間は、自分のしていることを反省したり、考えたりする暇はない。子どもの中に入り込みきって、心に一寸の隙間も残らない。ただ一心不乱。子どもが帰った後で、朝からのいろいろのことが思いかえされる。われながら、はっ

と顔の赤くなることもある。しまったと急に冷や汗の流れ出ることもある。ああ済まないことをしたと、その子の顔が見えてくることもある。——一体保育は……。一体私は……。とまで思い込まれることも屢々(しばしば)である。大切なのは此の時である。此の反省を重ねている人だけが、真の保育者になれる。翌日は一歩進んだ保育者として、再び子どもの方へ入り込んでいけるから。

出典：[倉橋惣三、2008、p49]（ルビ筆者）

　保育者は、日々の保育の中で巻き起こる驚きや発見、小さな成長、そして、それ以上のありのままの一日を振り返り、翌日からの保育へと生かすために記憶をとどめておく必要がある。この章では、子どもの育ちを支え、保育の質を高めるための記録の意義と方法について、学びを深めてほしい。

2　子どもを理解するということ

　子どもを理解することから保育が始まるといっても過言ではない。前出の倉橋の著した、次の文章はあまりに有名である。

子どもは心もちに生きている。その心もちを汲んでくれる人、その心もちに触れてくれる人だけが、子どもにとって、有り難い人、うれしい人である。（中略）その子の今の心もちにのみ、今のその子がある。

出典：[倉橋惣三、2008、p34]

　子ども一人ひとりの内なるリズムやテンポのような、繊細な状態に耳を傾ける姿勢がある人こそ、保育者として成長することが出来る。目の前の子どもの心の中には、どのような思いがあり、どんな景色が描かれているのか、子どもに成り代わって、また子どもと共にその景色を見たいと思うこと、すなわち共感的理解を示すことから、保育者として日々が始まる。

共感的理解とは「他者の感情状態の代理的情動反応による他者の感情、認知、態度等の理解のこと。社会的スキルの基礎」のことである。

出典：[森上史朗・柏女霊峰、p279]

第2節　毎日の保育に生かす記録

1　記録の種類と方法

　保育において、子どもの姿をありのままに捉える試みがなされるようになって久しく、子どものそのままの姿を受け止め記録することが定石となっている。一口に保育の記録といってもさまざまな種類があり、子どもや園の状況によって使い分けることが望ましい。なにより、限られた時間を有効に使うために、保育者自身が扱いやすいと思う手法を取り入れることが一番である。ここでは、子どもの息遣いや保育者の体温が感じられるような、さまざまな記録の方法を紹介する。

(1)　エピソード記述

　近年の保育における記録方法の中で最も有名で活用されている方法の一つと言えるのがエピソード記述である。鯨岡は「保育の現場の『あるがまま』を捉え、保育で何が大切なのかを世間に伝えていこうとするとき、保育の多面的な営みをエピソードに描いて示すというのは、おそらくもっとも有効な手段になる」[鯨岡峻・鯨岡和子、2007、p9]と述べ、子どもと保育者の主体と、主体としての関わりを描き出したエピソードこそ、保育場面で最も大切にしなければならないとしている。

　鯨岡に倣えば「背景」「エピソード」「考察」の3つに整理して描くことで、描き手の意図が伝わり、読み手が理解しやすい文章になる。子どもを観察して記録することに慣れていない学生には、最初は難しく感じるかもしれないが、自分の感動や驚きを他者に伝えたいと思うことを大

事にし、経験を積むことで、子どもの生き生きとした姿が浮かび上がるエピソードが記述できるようになる。

(2) 時系列

保育実習や教育実習の中で多く用いられるのが、この時系列型の記録である。時間に沿って記録することで、一日の流れが分かり、読み返した際にその日の様子がよく思い起こされる。現場の保育者としては、毎日この形で記録することは、時間の制約上困難である場合が多いため、特に集中して取り上げたい時間帯を深めて書くなどの工夫がいる。

(3) メモ型

日中の保育の中で気になった出来事を、その場で付箋紙やメモ帳などに簡単にメモしておき、それをノートに張り付ける方法である。メモゆえの読みにくさなどは否めないが、メモがそのまま記録として残るため、手軽に記録を残すことができる。

(4) マッピング

マッピングとはすなわち地図のこと。「マインドマップ」とも呼ばれ、自分の頭の中を整理するのに適した方法だといわれる。これを保育の記録に活用する場合は、まず白い紙（ノート等、横向きにおく）の中心にテーマを書く（例：Aくんのトイレ）。その中心から数本の太い枝を出し、関連する言葉や絵を描き込む（例：失敗・Bくんと一緒・お母さんの言葉・保育園のトイレ・おむつ）。その枝からさらに細い枝を出し、思いついた言葉や絵をどんどん増やしていく。結果として、1つのトピックに関して、過去～現在～未来のAくんの姿とともに、保育者の願いをまとめて1つの絵として整理することが出来る。

(5) 環境図

保育環境図に子どもの言葉や姿・行動を描きこむ方法もある。環境図は、保育室と園庭、または園舎全体などがあり、ベースのみが描かれた用紙を事前にコピーしておくとよい。一目でその日の子どもたちの動向や遊びの内容を、見て取ることが可能になる。

2　デジタル機器の活用

　デジタル機器の進化と共に、手軽に高画質の写真が撮れ、子どものふとした表情や微細な変化を切り取って保存することが出来るようになった。もしも園でブログなどのSNS発信を行っている場合には、記事をアップしやすいというメリットもある。近年では、「ポートフォリオ」という写真を中心として子どもの様子を保護者に伝えたり、保育の記録を残したりという取り組みも散見されるようになってきている。他にも、ICレコーダーに子どもの言葉を録音したり、ビデオカメラで撮影したりという方法もある。

　注意しなければならない点としては、機器の操作のための、ごくごくわずかな時間も、常に安全に気を配らければならないという点、そしてそのように子どものための時間であっても「子どもの前でスマホをいじっている保育者」と見られてしまう可能性もあるという点である。他にも、良い写真を撮ろうとするあまり、子どもの姿そのものを見損なう恐れもある。また、ICレコーダーやビデオ撮影での録音や撮影自体は簡単であるが、文字起こしの作業には非常に時間と労力が求められる。これらの機器は、あくまでも子どもを理解し、記録する方法を補完するものとして活用することが必要である。

3　保育者間での共有とカンファレンス

　記録は、保育者自身の思い出としてつづられるものではない。むしろ、誰かが読むものとして、記録を取ることに心掛ける必要がある。それが、日記とは違う「記録」だと言える。近年、エピソード記録を中心として、保育者間カンファレンス（質を高めるための討議）を進める保育所や、幼稚園が増えてきているという。職場内でのカンファレンスを通じて、自分一人では気付くことが難しかった部分まで視野を広げ、保育者が互いに協力しながら、保育の質の向上を目指すことが望ましい。

カンファレンスとは、医療や臨床倫理の場で行われてきた、特定のクライエントをめぐってなされている専門家での協議が、保育の場でも適用されるようになってきている。保育カンファレンスでは保育者や友達との関係的視点も重要になる。①一つの「正解」を求めようとしない、②建前でなく本音で話す、③経験値ではなく、それぞれがその課題を自分の問題としてとらえる視点を持つ、④相手を批判したり優越を競ったりしない——といった要件が重視される［森上史朗・柏女霊峰、2007、p195］。

4　保護者との連携のための記録

　記録は何より、子どもの育ちのために行われる。すなわち、その受益は保護者にも、もたらされることが望ましい。そのために、子どもの日常の姿を連絡帳やクラスだより、クラスボードなどで報告し、子どもの日々の姿を保護者にも感じてもらうといった活用の方法もある。保育者と保護者との連絡帳の事例を次に示す。この事例から、どのような保護者の思いや保育者の配慮が汲み取れるだろうか、考えてみよう。

〈事例〉　三歳児：入園1か月後の連絡帳の内容

　5月7日（家庭より）1週間の連休となりましたが、とても元気に過ごせました。あれこれ盛りだくさんの連休になってしまい、疲れが出ないか……は少し心配ですが、明日からの幼稚園をとても楽しみに、早めに就寝しました。

　5月7日（担任より）長いお休みが明け、初日の幼稚園でしたが、ニコニコで来られよかったです‼　今日もお外で白砂をたくさん集めたり泥遊びがたくさんできました。

第3節　評価と小学校への接続

1　保育と「評価」

「評価」という言葉は、一見すると「子どもがどんなことができるようになったか」「どれだけ成長したか」「保育者の保育のねらいの達成度合い」というように、何かと何かを比較して、その良し悪しを決めることだと感じてしまうかもしれない。しかし、保育における評価とはそのような意味合いではない。子どものこれまでと今、そして今後の姿をそのままに捉え、保育者自身の保育を振り返るための基準と考えたい。

環境を通した保育を円滑に実践するために、保育者はPDCAサイクル（PDCA cycle：plan-do-check-act cycle）を意識することが必要である。そのために、記録とその内容の検討が有効になる。Plan（計画）→ Do（実行）→ Check（評価）→ Act（改善）の順に行う。

さまざまな記録は、子どもの発達への手助けとなり、また保育者自身の、保育力の向上にも重要な役割を担う。しかしそれと同時に、子どもや家庭などに関する非常にデリケートな情報を多く含むため、個人情報の保護と管理に努めなければならない。

2　小学校との連携のために

保育所や幼稚園から小学校へと送られる書類に、保育所児童保育要録・幼稚園幼児指導要録がある。これは、その子一人ひとりが保育を通じて「なにができるようになったのか」を示すことではない。その目的は、子どもの「今」の姿を小学校へと伝えることにある。保育の現場と小学校が協力し合い、子どもたちにとって無理がなく、小学校へ希望が持てるような、スムーズな接続が可能となることを期待したい。

図表　保育所児童保育要録

保育所児童保育要録　【様式の参考例】

ふりがな		性別		就学先	
氏　名				生年月日	平成　　年　　月　　日生

保育所名及び所在地	(保育所名)	(所在地)　〒　　－
保育期間	平成　年　月　日　～　平成　年　月　日　（　年　か月）	

子どもの育ちに関わる事項

養護（生命の保持及び情緒の安定）に関わる事項	（子どもの健康状態等）

項目	教育（発達援助）に関わる事項	
健康	・明るく伸び伸びと行動し、充実感を味わう。 ・自分の体を十分に動かし、進んで運動しようとする。 ・健康、安全な生活に必要な習慣や態度を身に付ける。	
人間関係	・生活を楽しみ、自分の力で行動することの充実感を味わう。 ・身近な人と親しみ、関わりを深め、愛情や信頼感を持つ。 ・社会生活における望ましい習慣や態度を身に付ける。	
環境	・身近な環境に親しみ、自然と触れ合う中で様々な事象に興味や関心を持つ。 ・身近な環境に自分から関わり、発見を楽しんだり、考えたりし、それを生活に取り入れようとする。 ・身近な事物を見たり、考えたり、扱ったりする中で、物の性質や数量、文字などに対する感覚を豊かにする。	
言葉	・自分の気持ちを言葉で表現する楽しさを味わう。 ・人の言葉や話などをよく聞き、自分の経験したことや考えたことを話し、伝え合う喜びを味わう。 ・日常生活に必要な言葉が分かるようになるとともに、絵本や物語などに親しみ、保育士や友達と心を通わせる。	
表現	・いろいろなものの美しさなどに対する豊かな感性を持つ。 ・感じたことや考えたことを自分なりに表現して楽しむ。 ・生活の中でイメージを豊かにし、さまざまな表現を楽しむ。	

施設長名	(印)	担当保育士名	(印)

※「子どもの育ちに関わる事項」は子どもの育ってきた過程を踏まえ、その全体像を捉えて総合的に記載すること。
※「養護（生命の保持及び情緒の安定）に関わる事項」は、子どもの生命の保持及び情緒の安定に関わる事項について記載すること。また、子どもの健康状態等について、特に留意する事項がある場合は記載すること。
※「教育に関わる事項」は、子どもの保育を振り返り、保育士の発達援助の視点等を踏まえた上で、主に最終年度（5,6歳）における子どもの心情・意欲・態度等について記載すること。
※子どもの最善の利益を踏まえ、個人情報保護に留意し、適切に取り扱うこと。

出典：[文部科学省、2010] より

【引用・参考文献】

秋田喜代美 監修編著、あゆのこ保育園『秋田喜代美の写真で語る保育の環境づくり』ひかりのくに、2016年

河邉貴子・田代幸代編著『目指せ、保育記録の達人！』（保育ナビブック）フレーベル館、2016年

鯨岡峻・鯨岡和子『保育のためのエピソード記述入門』ミネルヴァ書房、2007年

倉橋惣三『育ての心（上）』フレーベル館、2008年

寺田清美『保育者の伝える力』（ひろばブックス）メイト、2016年

トニー・ブザン（神田昌典訳）『勉強が楽しくなるノート術―マインドマップ for kids』ダイヤモンド社、2006年

森上史朗・柏女霊峰編著『保育用語辞典〔第8版〕』ミネルヴァ書房、2015年

森眞理『子どもの育ちを共有できるアルバムポートフォリオ入門』（新幼児と保育MOOK）小学館、2016年

文部科学省『幼稚園教育指導資料第3集 幼児理解と評価』ぎょうせい、2010年

（五十嵐紗織）

第9章　保育の一日の流れ

　幼稚園、保育所、認定こども園を問わず、どのような保育施設においても必ず一日の保育指導計画（一般的に幼稚園においては「日案」保育所においては「デイリープログラム」という）が立案され、それに基づいた保育内容が日々展開されている。

　多くの場合、その施設内において一日の時間枠があらかじめ構成され、その中で保育活動が行われるが、行事などの保育活動や季節などの影響を受け、日常の保育プログラムから離れ、特別な日案・デイリープログラムになることも多い。そのようなとき、年間計画が決められている場合は、その日程を基準として月案が立案され、そこから週案、そして日案といったような順序で、内容や時間枠が構成されることが一般的である。この章では、幼稚園・保育所・認定こども園における指導計画（カリキュラム）の代表的なものを取り上げながら、それぞれの保育施設の一日の流れを解説する。

第1節　小学校と保育、一日の流れの違い

　まず最初に説明しておきたいことは、一日の流れを見たときに、小学校以上の学校と、幼稚園・保育所・認定こども園との一番大きな違いは、小学校には通常1時間当たり、45分間の授業時間枠が設定され、それを4時間、5時間、6時間重ねて展開することで、一日のカリキュラムが構成されているのに対し、幼稚園も保育所も、あらかじめ決められた時間枠が存在していない、ということである。

保育施設の中には、小学校のように決められた時間枠を設定している施設も存在しているが、多くの保育施設の場合、行う保育内容により、保育者が自由に保育時間を30分に設定したり、1時間に設定したりすることも、より長く設定することも可能となっている。さらには一日の時間枠が存在せず、一日全体が1つの大きなカリキュラムとして、途切れなく展開するような保育施設も存在する。それは、小学校以上の学校と比べて、時間軸として見た場合、一日の流れが極めてフレキシブルで、保育者と保育施設に、自由度が与えられていることが最も重要な差異である。

　幼稚園の保育内容に関して言えば、授業のように1コマごとに切り取られた保育時間割の形ではなく、子どもたちの生活に合わせ、流れのある保育内容を提唱し、推進したのは倉橋惣三（1882～1955）である。倉橋の考えでは、幼稚園は幼児自身の生活を第一とするため、切り取られた時間軸に左右されるような保育はできないと考えた。そして、保育終了後にはそれを見つめなおし、評価反省を行うことにより、より子どもに即した保育内容に改善することの必要性を語り、一日の生活が断片的ではなく、流れるような連続性のある時間となることの重要性を説いている。

　このように各々の保育施設や保育者の判断と裁量により、時間の設定や一日の流れは大きく影響されるので、全てに当てはまる事例は存在しない。しかし、できるだけ多くの保育施設の現状を踏まえ、それぞれの保育施設における、具体的な一日の時間軸にそって説明してみたい。

第2節　幼稚園・保育所・子ども園における一日の流れ、その具体例

1　幼稚園における一日の保育時間

　『幼稚園教育要領』に記載されているように、幼稚園における保育活動は、標準として一日4時間であり、年間の保育日数を39週以上行うこ

とと、文部科学省により定められている。だがこの幼稚園における、一日4時間の4保育時間というのは、例えば朝9時に登園したとしても午後1時には終了してしまうことを意味し、実際問題としては、やや短いものと言えるし、大多数の幼稚園では（預かり保育を除いたとしても）より長い時間を標準的な通常保育時間として設定している。

　さらに現在では、多くの幼稚園が通常保育時間外に預かり保育（延長保育）を実施し、より長い保育時間帯の運営を行っているケースも大変多い。預かり保育では、通常保育時間に一度（預かり保育を行わない園児が）帰った後、預かり保育を希望する者のみを対象に、別料金を設定して実施することがほとんどである。

　延長保育は、本来の幼稚園の時間帯から離れた、標準保育時間外の活動と考えられるため、今回は延長保育時間の時間帯を除いた、一日の保育時間が5時間の時間枠を設定された一例として、幼稚園の一日の流れを記載する（**図表1**）。

〈幼稚園における一日の時間の特徴とは〉

　現在、わが国における多くの幼稚園において、バスによる送迎を行っている。バスを使用した送迎の場合、そのコースの設定や運営しているバスの台数などにより、園児が幼稚園に到着する時間、帰園する時間に差が生じることが多い。そのために幼稚園に早く着いた園児や、時間差で残る園児など、各々の子どもたちに向けた配慮や指導が大切になる。保育者がその時間に、どのようなプログラムを用意し、安全に過ごすことができるかに関して、それぞれの幼稚園では工夫を凝らしているが、本来はできるだけ幼稚園の滞在時間に、差が生じることがないように、配慮されることが望ましい。

2　保育所における一日の流れとは

　児童福祉法により、3歳児未満、つまり0歳・1歳・2歳といった乳児や、低年齢児に対しての保育も行う保育所では、幼稚園よりもさらに、

図表1　幼稚園の一日の流れ

```
<幼稚園の一日の流れ>
 9：00      園児登園開始
            登園・外遊び
10：00      朝のつどい（ミーティング）
10：30      主活動・片づけ、手洗い、お弁当準備
12：00～12：50    お弁当、片づけ
13：00      外遊び
13：30      帰りのつどい（ミーティング）、降園準備開始
14：15      降園

※延長保育を行っている幼稚園においては、全体降園後、希望者を対象に延長
  保育を実施する。
```

(筆者作成)

　子どもの年齢に幅があるため、保育内容も一日の保育の流れも、それぞれの年齢に合わせて大きく幅を持たせ、異なったものとなることが必要となる。保育所における保育の基本とは、子どもが健康で、安全で、情緒の安定した生活が送れるような、環境を用意するという養護的な側面と、一人ひとりが日々の時間の中で、心身の成長発達を行うことができる、という教育的な側面の両方から、日々のカリキュラムや保育時間を設定していくことが望ましい。

　厚生労働省による保育所保育指針によれば、3歳以上の子どもに対しての教育的な内容に関しては、幼稚園教育要領に準ずるものとされているが、その場合、保育の内容に関しては「ねらい」と「内容」から構成されることと記されている。

　「ねらい」に関しても「内容」に関しても、保育所における保育の特性に合わせ、養護的ねらいと教育的ねらいが示されているが、日々の保育生活の中において、それぞれは明確に区分できることではなく、それぞれが相互に関連を持ちながら、総合的に展開されるものであることは言うまでもない。

　保育の内容は、発達過程区分にしたがって示されているが、今回の保

育所保育指針の改訂にともない、その年齢区分が5つから2つにと変更され、それぞれに「ねらい」と「内容」が示されている。そのような「ねらい」と「内容」に従い、保育所では年間、月間、週間の指導計画が設定・立案され、その中には「ねらい（目標）」に伴って予想される子どもの姿、保育者の援助や環境構成といった項目が記載される。さらに保育所では、指導計画（指導案）以外に、年齢別のデイリープログラムが作成される。デイリープログラムとは、一日の保育時間の流れに沿った主な活動内容が、時間軸で細かく記されたものを言う。今回は保育所の実情に合わせ、代表的な0歳、1歳、2歳（〜3歳児未満）および3歳以上のデイリープログラムを紹介してみたい（図表2）。

〈保育所における一日の流れの特徴〉

図表2が保育所における、おおまかな年齢別のデイリープログラムの一例であるが、あくまでもこれは保育の目安としてのものであり、言うまでもなく、全ての子どもに当てはまるものではない。一人ひとりの異なる家庭環境、生活リズム、そして発達状況に合わせ、それぞれの子どもたちにとって、適切な養護や保育活動となりえるように、柔軟に変化させながら対応することが重要である。

また低年齢の子どもたちに対しては、排泄（おむつ交換）や、着替え、あるいは体調管理などの面における対応を、それぞれプログラムの中に、織り込むことを忘れてはならない。さらに幼稚園における保育カリキュラムと違い、保育所においては「午睡」の時間設定が必要とされる。これは長時間に及ぶ保育時間の中で、子どもたちの心身の疲労回復のために行う「昼寝」のことだが、集団生活による緊張を緩和し、心身の疲れを癒すために、適切な休息の時間は必要不可欠であるが、それぞれの子どもたちの実情に合わせ、その設定時間や午睡の時間は設定するべきものと言えよう。

図表2　保育所の一日の流れ

```
＜0歳児のデイリープログラム（例）＞
 7：00    早朝保育開始・順次登園開始、検温、おむつ交換など
10：00    授乳・離乳食など
10：30    おむつ交換・外気浴・自由遊び
11：00    散歩
12：00    沐浴・水分補給・おむつ交換
13：00    検温・睡眠
14：00    授乳・離乳食・おむつ交換
15：00    保育者と遊ぶ
16：00    随時降園
18：00    通常保育終了・延長保育開始・自由遊び

＜1・2歳児のデイリープログラム（例）＞
 7：00    早朝保育開始・順次登園・挨拶・視診など
 8：30    通常保育開始
 9：30    保育者と遊ぶ・自由遊び・睡眠
10：00    おむつ交換・排泄・おやつ
10：30    屋外遊び・散歩など
11：30    着替え・手洗い・おむつ交換・昼食
13：00    着替え・手洗い・随時午睡
15：00    随時起床・おむつ交換・排泄・着替え
16：00    随時降園
18：00    通常保育終了・延長保育開始・自由遊び

＜3・4・5歳児のデイリープログラム（例）＞
 7：00    早朝保育開始・順次登園開始
 8：30    通常保育開始、挨拶・視診・持ち物整理、片づけ・排泄
 9：00    園庭、保育室を使用しての保育活動を行う
10：30    クラス別に朝の集いなどその後、屋外遊び、保育室遊び・お散歩など
11：45    排泄・手洗い・昼食準備
12：00    昼食（年齢によって時間差あり）
13：00    歯磨き・排泄・午睡の設定・準備を行い、着替えて午睡開始
13：30    3・4歳児は午睡開始、5歳児は保育活動
15：00    順次目覚め、着替え、排泄を行う
15：15    おやつの時間
15：40    着替え・排泄・降園準備
16：00    保護者へのお迎え、引き渡し開始
18：00    延長保育児は移動し、延長保育開始
```

（筆者作成）

3 認定こども園における一日の流れ

　認定こども園は、0歳児から小学校就学前までの、全ての子どもを対象として、幼児教育と養護・保育の提供を行う、総合的な保育施設であり、幼稚園の機能と、保育所の機能を併せ持った施設といえる。

　認定こども園における保育時間は、文部科学省・厚生労働省より、「幼保連携型認定こども園における教育及び保育の基準」において、3歳児未満の保育を必要とする、子どもの標準的な保育時間が8時間、満3歳以上の保育を必要としない、子どもの標準的な教育時間が4時間、満3歳以上の保育を必要とする、子どもの標準的な教育時間が4時間＋保育時間、とされ、これはそれぞれ幼稚園における「教育要領」と、保育所における「保育所保育指針」に記されている、保育時間に準じたものとなっている。

　またそれに加えて、保護者の要請により標準的な保育終了後に希望する者に対しては、標準的な教育時間が4時間に、預かり保育時間を足すという形で、保育時間を設定していることが特徴といえる。以上のような告示を踏まえ、各認定こども園では、教育課程と保育過程を統合させたカリキュラムを「全体的な計画」という形で立案し、それぞれの保育活動に当たっている。基本的には保育所の一日と、幼稚園の一日を足したような形のカリキュラムとなるのが、こども園におけるカリキュラムの特色だが、以下に5歳児を例にとり、具体的な、認定こども園におけるカリキュラム（案）を記す。これは標準的な保育時間に、預かり保育を利用する認定こども園における、一日の流れの一例である（**図表3**）。

〈認定こども園における一日の流れの特徴とは〉

　幼稚園と保育園の機能を併せ持ったこども園は、そこに通う子どもたちの年齢も利用時間等に大きな違いが見られ、そのため、一日の流れも一概に表記できない複雑なものとなっている。教育基本法・認定こども園法・児童福祉法によって規定される「教育及び保育」のカリキュラム

図表3　認定こども園における一日の流れ

```
7：00         順次登園・視診・保育者との連絡交換など
9：00         通常時間帯利用園児登園開始
9：30～       着替え・一日の準備・外遊び
10：00        朝のつどい（ミーティング）
10：30        主活動・片づけ　　手洗い　お弁当準備
12：00～12：50    お弁当　　片づけ
13：00        外遊び
13：30        帰りのつどい（ミーティング）降園準備開始
14：00        降園（通常保育利用者のみ）
14：00～19：00    延長保育（午睡・おやつなどを含む）
```

（筆者作成）

と、そこで立案する一日のプログラムは、幼稚園と保育所両方に用意されるような内容で、年齢・時間帯とも、さまざまな子どもたちに対応できるような形のものを用意し、立案しなくてはならない。

認定こども園では、基本的には幼稚園のカリキュラムと、保育所におけるデイリープログラムを統合したようなものを、適用することが望ましい。しかし各施設の性格や特性により、その内容も大幅に異なるため、その子ども園が、どのような施設なのかをよく理解した上で、日々の時間設定を行う必要があると言えよう。

4　保育時間以外の、一日の流れと、保育者の仕事とは

以上、幼稚園、保育所、認定こども園における一日の流れを、例を記しながら簡単に説明してきた。ここで改めて述べたいことは、子どもたちが、それぞれの保育施設で過ごす時間だけが、保育の時間ではないということである。言うまでもなく、一日の保育が始まる前には、それぞれの施設に準じた、朝の設定時間が設けられている。

朝の設定時間においては、その日の活動する保育内容に合わせて、教材の準備や教室の設定、また特別な行事などがある場合には、その設営準備を行うことが多い。さらに朝の時点において、施設全スタッフによるミーティングや、学年別のミーティング（ブロックミーティング）を

行い、各部屋の仕様点検や、安全確認などを再確認する場合もある。
　また子どもたちが施設から帰った場合には、必ず園内が安全で清潔な環境となるように、清掃作業を行ったり、その日の反省評価を行うミーティングや、行事の準備等を行う会議、また翌日の設定や教材準備、そしてカリキュラムなどの立案・作成も行わなくてはいけない。広義においてはこのような保育者の仕事は、全て子どものためであり、一日の保育活動ともいえよう。子どもたちが安全に過ごし、心身の健全な成長発達が可能となるように、それぞれの保育施設において、一日の流れや時間に差異はあるが、日々努力し、また一日の保育を必ず振り返り、評価反省を行うことが重要である。

【引用・参考文献】
　田中亨胤・名須川知子 編著『保育内容総論』（Minerva保育実践学講座 第4巻）ミネルヴァ書房、2006年
　中央法規出版編集部 編集『保育所運営ハンドブック〔平成27年版〕』中央法規出版、2015年
　中央法規出版編集部編集『認定こども園運営ハンドブック〔平成28年版〕』中央法規出版、2016年
　保育総合研究会『幼保連携型認定こども園教育・保育要領サポートブック』（PriPriブックス）世界文化社、2015年
　無藤隆・北野幸子・矢藤誠慈郎著『増補改訂新版　認定こども園の時代』ひかりのくに、2015年
　文部科学省『幼児理解と評価〔平成22年7月改訂〕』（幼稚園教育指導資料 第3集）文部科学省、2010年
　谷田貝公昭・岡本美智子編『保育原理〔第3版〕』一藝社、2009年
　谷田貝公昭監修、林邦雄責任編集『保育用語辞典』一藝社、2011年

　　　　　　　　　　　　　　　　　　　　　　　　　　（野末晃秀）

第10章 乳児・低年齢児の保育内容

第1節 乳児保育の意義と役割

1 乳児保育・低年齢児保育とは

　児童福祉法（第4条）や母子保健法（第6条）によれば、乳児とは「満1歳に満たないもの」と規定されているので0歳児が対象となる。しかし、実際には、保育所や認定子ども園に4月1日に入所したときは、全てが0歳児である。そして、翌年3月までに1歳になるものがほとんどであり、乳児保育の対象は0歳児と1歳児ということになる。そこで、乳児保育は、0歳児だけでなく1歳児および2歳児の知識を学ぶ必要がある。

　さらに、0歳児すなわち乳児は、その前に胎児の時期がある。およそ280日間（40週）という長い期間、母親の体の中での胎児として発育し、そのまま0歳児の発育に引き継がれるので、乳児保育にとっては、大変重要な時期となる。例えば、妊娠期間はおよそ定まっているけれど、分娩予定より早く出生した場合は、生後の乳児の発育に大きく関係するので、保育のあり方にも影響するのは当然の事である。したがって、保育者等は担当した乳児の妊娠、出産の状況把握は大変重要であり、その内容等については、保護者やその家族および入園時の新入児調査票、母子手帳により知り得ることになる。

　以上のことから、乳児保育は0歳児・1歳児が対象となるが、それに続く2歳児と3歳児とでは、発育にかなりの差があることも知っておく

必要がある。つまり、0・1・2歳児は、胎児期からの延長で、人の基本的な発達が整備される時期であり、二足歩行や排泄の自立、そして、言語発達などが著しく、脳やその他の神経細胞等の発達が、なお整備中で、胎児からの発達の途上であるといってよい。

そこで実際には、乳児保育は0歳児・1歳児が対象であるが、次の2歳児（3歳未満児）も、乳児期の1つの発達段階として理解しておきたい。一般に、保育所、認定子ども園では、3歳未満児の保育のことを指して「乳児保育」と呼ぶところがほとんどである。

2　乳児保育の変遷

1951（昭和26）年児童福祉法第39条が改定され「保育に欠ける」子どものみを受け入れる施設が保育所とされた。1963（昭和38）年には文部省（現在の文部科学省）・厚生省（現在の厚生労働省）共同の通知が出され、厚生省所管の保育所は保育を、文科省所管の幼稚園は教育の場として、幼保二元化されることになった。1965（昭和40）年ころから、保育所は転換期を迎え、0歳児保育、その他の特例保育と多くの社会的ニーズを受けることとなり、保護者の就労を保障するための保育所は「ポストの数ほど」というスローガンの下大幅な増加をたどった。

さらに、1983（昭和58）年には、産休明け（生後57日）保育がスタートした。1990年代に入ると、共働き家庭が増え合計特殊出生率が「1.57」と急激な減少を示すようになり、2005（平成17）年には1.26とさらに進んだ。また、この頃より死亡数が出生数を上回るという人口減少局面を迎え「少子高齢化時代」の到来となった。

3　乳児保育を取り巻く社会環境の変化

急速に少子化が進み、共働き家庭、核家族化から現れる幼児虐待等、子どもたちを取り巻く社会環境は急激に変化している。そのため、保育所入所待機児童の増加（**図表1**）は、保育所・認定子ども園の新設、増

図表1　待機児童の状況

出典：厚生労働省雇用均等・児童家庭局保育課より筆者作成

設、定員増を重ねても追いつかない状態が続いている。一方で、一般の幼稚園は公立私立を問わず入園希望者が減少し、4月でなくても満3歳になれば途中入園を許されたり、預かり保育という形で保育時間を延長し、受け入れる園などがほとんどとなってきている。

　そして、2012（平成24）年「子ども、子育て支援新制度」が制定され、2014年4月「幼保連携型認定こども園　教育・保育要領」が内閣府、文部科学省、厚生労働省の3省合同の告示として示され、幼稚園教諭免許と保育士資格、両方の免許資格を有する保育者ということで「保育教諭」という新たな名称が誕生した。

4　保育所保育指針と乳児保育

　以前の保育所保育指針では、1歳3カ月未満児を第1期としていた。しかし、1999（平成11）年の2回目の改定により、6カ月未満・6カ月から1歳3カ月未満・1歳3カ月から2歳と、3歳未満の保育内容と発達過程

を重視した年齢区分に変更された。さらには、2008（平成20）年の3回目の改定では、おおむね6カ月未満・おおむね6カ月から1歳3カ月未満とし「おおむね」という言葉を加えて、発達には個人差があることや発育は発達過程であること及び、発達の連続性を重視する年齢区分となった。このような経過から、3歳未満児保育を「乳児保育」とし、年齢別の保育では「0歳児保育」「1歳児保育」「2歳児保育」と呼ぶ園がほとんどとなっている。

また、幼保連携型認定こども園 教育・保育要領では第1章「第3 幼

図表2　乳児・低年齢児の一日のディリープログラム（例）

2~5カ月	6~8カ月	9~11カ月	時　間	1~2歳児
開園	開園	開園	7：00	開園（合同保育）
順次登園	順次登園	順次登園	8：30	順次登園
視診・検温 あそび	視診・検温 あそび	視診・検温 あそび		視診・検温　あそび
おむつ交換	おむつ交換	排泄・手洗い	9：30	排泄・手洗い
授乳	睡眠	おやつ・授乳	10：00	おやつ（牛乳）
睡眠	離乳食・授乳	睡眠又はあそび		あそび
	あそび	食事の準備	11：00	食事の準備（排泄・手洗い）
		離乳食・授乳	11：30	昼食
おむつ交換	おむつ交換			
沐浴				
あそび	睡眠	午睡（排泄・着替え）	12：30	午睡（排泄・着替え）
授乳			13：00	
睡眠	離乳食・授乳		14：00	
	あそび	排泄・着替え	14：45	排泄・着替え
おむつ交換		おやつ・授乳	15：00	おやつ（牛乳）
授乳	睡眠	あそび		あそび
順次降園	順次降園	順次降園	16：00	順次降園
	授乳			
時間外保育	時間外保育	時間外保育	17：00	時間外保育（部屋移動）
睡眠又はあそび	睡眠又はあそび	あそび		あそび（合同保育）
授乳			18：30	
閉園	閉園	閉園	19：00	閉園
※授乳は3時間おき	※離乳食は1日2回	※離乳食は1日3回		※離乳食から幼児食へ

（執筆者作成）

保連携型認定こども園として特に配慮すべき事項」として満3歳未満児保育の重要性を明記している。さらに現在、2018（平成30）年をめどに、幼稚園教育要領、保育所保育指針の改定が進められている。保育所保育指針においては、特に「乳児及び3歳未満児の保育内容を丁寧に述べていく」とし、0・1・2歳児の保育内容の充実を新たに盛り込む方向で検討が進んでいる。このことは、この時期の保育の重要性、さらには、0歳から2歳児の利用率の上昇等を踏まえ、3歳以上児とは別に項目を設けるなど記載内容を充実すべきであるとの考えからである（**図表2**）。

第2節　年月齢別発達と保育

発達の特徴と子どもの姿

(1) 誕生から6カ月未満

　WHO（世界保健機関）の定義によると、誕生してから28日を「新生時期」と呼ぶ。生まれた時の身体の大きさは身長約50cm、体重約3kgである。生後1～2カ月になると、授乳は3時間おきで、満腹になると30分ぐらいは機嫌よく起きている。1～2カ月は心身の満足感から、機嫌のよいときは、喃語を発するようになる。これは、乳児期の呼吸が正常で、発声器官、構音器官とその神経機能が成熟してきた表れであり、将来の言葉につながる発声である。産休明け（生後57日）を受け入れている園では、この喃語に保育者が、応答的に関わることが、将来的に人とのコミュニケーションにつながる（次ページ**写真**）。

　3～4カ月で首がすわり始める。機嫌のよいときは、自分の手をじっと見つめたり、ガラガラを握って口に入れたりして30分ぐらい一人で遊んでいる。5カ月ごろから寝返りが始まる。寝返りができるようになると視界が広がり、腹ばいになり胸をそらし顔や肩を上げて上半身を使って

遊ぶようになる。この頃より、徐々に離乳食を始める。

〈保育者の関わり〉

一般に、新生児（生後28日）を園で保育することはないが、乳児院等の施設では担当することもある。産休明け（生後57日）から受け入れている園では、家庭環境、生育歴、家庭での名前の呼び方、家庭での抱き方、授乳の様子（授乳の量、飲み方）入眠の方法など詳しく把握し、できる限りの範囲で、家庭での生活に近づけるなどの配慮が必要である。

6カ月未満児の保育では、特に、日常的に安静、清潔、保温、感染予防、栄養補給を心がけ、特定の大人との間に信頼関係、愛着関係（アタッチメント）が形成される大切な時期であるので、生活の全てを個別対応とする。なるべく特定の保育者が関わるようにし、子どもからの要求を受け入れ、スキンシップやオンブ、抱っこ等で情緒の安定を図る。

(2) 6カ月〜1歳3カ月未満

個人差はあるが、6カ月ころより乳歯が生え始める。また、母親から受け取った免疫（母子免疫）がなくなり、病気にかかりやすくなる。寝

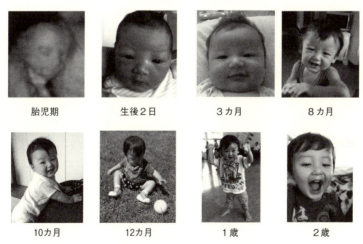

写真　誕生から2歳まで－成長の移り変わり

胎児期　　生後2日　　3カ月　　8カ月

10カ月　　12カ月　　1歳　　2歳

第10章●乳児・低年齢児の保育内容

返りが上手になり、ごろごろと移動していく。7～8カ月ころより、一人でお座りができるようになり、視界も広がり、両手が使えるようになると遊びの幅も広がり、徐々に這うようになる。

6カ月を過ぎたころから、人見知りや場所見知りをするようになる。人見知りは、知的発達の表れであり、信頼できる人（保護者や保育者）と、自分との結びつきができた証しである。離乳食は徐々に食べる量も増え、2回食から3回食へと移行していく。

身体の大きさは生後1年間で、個人差はあるが、身長が約1.5倍、体重が約3倍になる。10カ月ころより、一人で座る、座ったまま向きを変える、さらに、徐々にテーブルなどにつかまり立ちをし、足を運びつたい歩きを始める。その後、1歳3カ月頃には、大半が歩き始める。

大人の話すことが理解できるようになり「マンマ」「パパ」「ブーブー」等、一語文を話すようになる。また、この頃よりお友達と玩具の取り合いをしたり、泣いてたたき返すなどの行為も見られるようになる。

食事は、完了食へ移行していく。指でつまんで食べることが多いが、スプーンやフォークなどに興味を持つようにもなる。好き嫌いが出始めるのも、この頃からである。

〈保育者の関わり〉

ハイハイをするようになると、保育室の環境、特に安心安全への配慮が必要になってくる。また、園では、できるだけハイハイが自由にできる環境（広い匍匐室）で段階を踏んで寝返り→ハイハイ→つかまり立ち→つたい歩き→歩行に向かうことが望ましい。

人見知りが始まる時期であるが、逆に大好きな大人には遊んでほしいという思いを、声や表情で表すようになるので、スキンシップをしながらあやしたり声をかけたりすることで、情緒の安定につながり、保育者への信頼感も深まる。発語も、大人の真似をして言葉を発するようになるので、絵本や手遊びなどで、言葉の発達を助長する。また、子どもが一人で遊んでいるときは見守り、必要以上に話しかけたり、手を出したり

せず、一人あそびを十分に満足させることが、保育者として大切である。

(3) 1歳3カ月～2歳未満

1歳になると法律上は幼児となる。離乳の完了や歩行の完成、言葉の獲得、探索活動などが見られる時期。歩く、押すなどの運動機能も発達する。さらには、物をつまむ、めくるなどの指先の細かい作業もできるようになり、全身の協応動作（目で捕えたものに手が素早く反応し、体全体で調和のとれた動き）も滑らかに機能するようになってくる。特に、歩行の完成については個人差が大きく、1歳前後から歩き出す子もいるが、ほとんどが1歳5カ月までにはほぼ完成する。歩行の完成とともに探索活動が一層盛んとなり、自分の興味・関心のままに動こうとするので、今まで以上に目が離せない時期となる。

徐々に体力がついてきて、午睡は1回となる。排泄の面では、排尿後ではあるが、知らせたりするようになり、徐々に自立へと向かっていく。

1歳半ごろから発語が盛んになり「まんま、いる」「ぱぱ、しごと」など一語文から二語文へと発達していく。また、発語の遅い子でも、大人が言う言葉の理解ができ、自分なりに動こうとするようになる。

1歳6カ月を目安に離乳は完了し、幼児食へと移行する。

〈保育者の関わり〉

この時期は、とにかく子どもは探索活動や興味のままに動こうとするので、常に見守り安全に留意しながら、好奇心を満足させるような環境を整える。また、言葉の模倣は特に盛んになるので、保育者はゆっくりと正しい言葉使いを心がける。人との関わりを求めはじめるが、友だちとのトラブル等も発生しやすくなるので、常に見守り援助する必要がある。

(4) 2歳～3歳未満

2歳を過ぎると、歩く、走る、跳ぶなどさまざまな運動機能や指先の機能が発達する。脳は、成人の大きさの5分の4くらいに成長し、乳歯がほぼ生えそろう。自我の芽生え「第1反抗期」が顕著になり、何事に対しても「いや」「だめ」を連発し、自己主張が著しい時期となる。

語彙が増え、自分の意志、感情を言葉で伝えようとしたりするようになり、二語文から三語文が話せるようになる。排泄は、徐々にトイレでできるようになり、簡単な着替えも「じぶんで」と言うようになるが、大人の援助が、まだまだ十分に必要な時期である。

〈保育者の関わり〉

　第一反抗期を迎えると保育者としては扱いにくいように思うが、子どもたちの成長過程としては正常な発達であることを理解し、受け止め、見守り、必要であれば援助することが求められる。そのため、大人もゆとりを持って子どもたちと関わり、褒めたり励ましたりして、遊びへの意欲につなげる。さらに、保育者が仲立ちとなり友だちを意識し始める時期でもあるので、遊びを通して友達の存在に気づかせていく。

　また、2歳児になると集団の活動が増えてくるが、基本は一対一の関係を大切にする。自立心や人への優しさ等も育つ時期でもあるので、心の育ちを見据えた、保育者の対応が大きな影響を与える時期でもある。

【引用・参考文献】

　大橋喜美子編著『乳児保育〔第2版〕』(新時代の保育双書) みらい、2015年

　加藤敏子編著『乳児保育――一人一人を大切に』萌文書林、2015年

　巷野悟郎・植松紀子編著『乳児保育―0歳児・1歳児・2歳児』(保育士養成課程) 光生館、2012年

　内閣府・文部科学省告示第1号・厚生労働省『幼保連携型認定こども園教育・保育要領』フレーベル館、2014年

(兼間和美)

第11章 3歳児の保育内容

　幼児は3歳になると幼稚園に入園する。保育所に通っていた幼児では、乳児クラスから幼児クラスへと進級する。3歳は運動機能が高まり、自分で思うように跳んだり走ったりできるようになり、赤ちゃんらしい動きから、次第に子どもらしい姿へと変わっていく時期といえる。
　第1節では、幼稚園入園の子どもの保育を中心に、第2節以降では、幼稚園・保育所・認定こども園を想定して述べていく。

第1節　幼稚園入園――初めての集団生活

　幼稚園は幼児にとって初めての集団生活の場になる。幼児は家庭において、親しい人間関係を軸に営まれていたこれまでの生活から、幼稚園では、初めて同年代の幼児や保育者と関わりながら、時間を過ごすことになる。初めての環境の中で、お母さんから離れて不安でいっぱいの幼児が安心して過ごせるように、保育者はさまざまな配慮をすることになる。入園までの家庭での生活習慣や環境は一人ひとり違っている。幼稚園の生活へ滑らかに移行するためにも、家庭との連携は不可欠となる。入園を機に幼児が幼稚園を初めて経験するように、保護者も第1子では初めての幼稚園生活を経験することになる。保育者は幼稚園での子どもの様子を丁寧に伝えると同時に、家庭での様子を聞いて把握し、保護者とも信頼関係を結びたい。
　幼児が幼稚園で安定して過ごすための環境として、場・人・モノの観

点から考えていきたい。

1 園になじみ、安心して過ごすために

　幼稚園が居心地の良い場所になるために、まず安心して過ごせる「居場所」をつくることを心がける。入園間もない幼児は、自分の場所があることで安定できる。ロッカーや引き出しなど、自分の場所が分かるように名前とマークを付けるが、それだけでなく、集合する椅子や机にもあらかじめ個々に座る場所を決めて、マークシールを貼っておくなどの工夫をするとよい。また、入園当初の保育室は、幼児が入って遊べる小さな隙間をたくさん作ったり、遊びの様子を見ながら、コーナーの広さや数を調節したりして、一人ひとりが安定できる場を確保することを心がける。幼児は自分が安定できる場を見つけて安心すると動き出し、やがて好きな遊びを始める。個々に狭い場所に落ち着きたいという思いと同時に、群れていたいという思いもあり、数人が同じ場で自分なりの遊びができるコーナーも、用意するなどの工夫をするとよい。

2 保育者との信頼関係を軸に

　家庭では養育者に愛情を注がれ、一身に注目を集めて生活してきたが、幼稚園は集団の場であり、保育者一人に対して、たくさんの幼児がいる中で自分がいつも注目してもらえるわけではない。しかし、3歳児にとって、安心して依存できる大人の存在は不可欠である。保育の場では、保育者との信頼関係をよりどころにして、関係を広げていけるようにしたい。保育者はいつでも温かいまなざしで、自分を受け止めてくれる存在である、と幼児に認識してもらえるように関わっていくことを心がけたい。家庭から幼稚園での生活の移行が、滑らかなものになるように配慮したい。以下、都内幼稚園3歳児クラスでの事例を挙げ、述べていく。

〈事例1〉呼称へのこだわり

入園式の後、カズオという名の子どもに「カズオくん」と呼びかけても返事をしない。「カズオくんでしょ」と声をかけると「違うよ『カックン』っていうんだよ」と言う。

〈事例2〉自分の苗字を意識する

登園後、持ち物の始末をせずに座り込んでいたユウタとロッカーの名前を探しながら「ユウタくん、スギヤマっていう名前なんだね」と話しかけると「そうだよ。ママも『スギヤマ』でお姉ちゃんも『スギヤマ』っていうの」と答えた。

　家庭で「カックン」と呼ばれてきた子どもにとって、自分は「カックン」であって「カズオくん」ではない。また、家庭では苗字で呼ばれることはないが、幼稚園で表示された自分の名前を読んでもらって、家族が同じ名前であることを発見する。家庭での呼称を幼稚園でも同じように使うことで、幼児が安心できるようにしたい。

　3歳児は大人への依存から、自立へと向かう時期であることを踏まえ、幼稚園では、保育者が家庭での養育者に代って、幼児の甘えを受け止めながら指導していくことが大切である。その中で幼児なりの頑張りを認め、励まし、支援していくことを意識したい。保育者は、幼児がありのままの自分を受け止めてくれる存在であると感じて、安心して自分を出せるように、温かい雰囲気をつくっていきたい。

　入園当初の3歳児の言葉は、理解しがたいことがある。自己中心的な発語なので、主語が不明確であったり、幼児音が残っていたりして、幼児の伝えたいことを、うまく聞き取れないことがある。コミュニケーションは身近で親しい人ほど成立しやすい。まずは1対1のつながりをしっかりつけて、幼児の話の世界に入っていけるような関係を結ぶことを心がけたい。

〈事例3〉「うるさーい」

> 入園式翌日、粘土遊びをしていたカスミは突然耳をふさぎ「うるさーい」と大声を出した。周りで走り回っていた子どもたちは、驚いて振り向いた。

　大人に囲まれた家庭で、静かに遊んできたカスミにとって、初めての幼稚園での騒々しい環境が不快だったのだろう。最近「子どもが怖い」という幼児がいる。入園まで同年代の子どもとの関わりが少なく、大人の中で守られて育ってきた幼児にとって、何をされるか分からない幼児が恐怖だという。初めてがいっぱいの幼稚園が楽しく、居心地の良い場所になるために、保育者は心を配りたい。

3　保育室の物的環境

　入園当初の保育室は、幼児が遊び出しやすいように構成する。つまり、家庭で遊んだことのあるような遊具を中心に、登園時には遊びかけの状態で迎え入れるとよい。また、入園当初は模倣が好きな3歳児が、モノをめぐって葛藤するストレスを軽減するために、同じ遊具を多めに用意しておく。その後は遊びの様子を見ながら、幼児同士が「かして」や「順番」「交代」などを学び、関わり合えるように、数や種類を調整することも必要である。

　新しい環境の中では、メダカや金魚などの小さな生き物に慰められたりもする。

〈事例4〉小さな生き物に慰められる

> 入園式の翌日からシュウジは、送ってきたお母さんが帰ろうとすると大声で泣いていた。数日間はお母さんが登園後保育室にいることで、安心して遊んでいた。2週目、遊びに夢中になっている間に、お母さんが帰ったことに気づき泣き出したが、保育者がシュウジを抱いて、一緒にメダカを見ていると、次第に落ち着き「あ、メダカいまコツンしたね」と話し始めた。

第2節　3歳児の遊び

1　3歳児の心と体

　2歳半ごろになると乳歯が生えそろい、モノをかんで食べるので顎が発達し、3歳児は、顔つきが赤ちゃんから幼児らしくなってくる。脳も大人の80％まで発達し、運動の巧緻性が見られるようになる。その一方、頭が大きく重いために転びやすく、頭部を怪我することも多い。好奇心や意欲が高まるので、大人が予期しない行動をとったり、自分の限界が分からずに危険につながる行動をしたりする。安全な環境を用意することはもちろんだが、何でも禁止にするのではなく、保育者と一緒に行動しながら、幼児なりに安全について、考えて行動できるようにすることが大切である。

〈事例5〉こっちのトイレに入りたい

> 　アオイがトイレで、大声で泣いている。扉にピンクのネコの絵がある所に入ろうとしたら、アカネが入ってしまったという。保育者が他の空いている所を勧めても嫌だと言う。隣の扉に水色のクマが、赤いリボンをつけている絵があるので「アオイちゃんと同じね。赤いリボンかわいいね。ここにしましょうか」というと、にっこり笑ってトイレに入ることができた。

　3歳児と一緒に生活をしていると、こだわりの強さにぶつかることがある。しかし自分なりに納得すると、あっけないくらいに行動を変えることがある。自我が形成され、自己主張も強くなる、いわゆる「反抗期」と言われる時期である。大人の指示や干渉、禁止などに抵抗を示すので、衝突したら幼児自身に選ばせたり、気分を変えたりしながら考えさせ、自己コントロールを学んでいけるようにしたい。

2 友達関係

自我が育つ時期と言われる3歳児だが、周囲への関心も高まり、近くで遊んでいる友達と一緒にいることや、群れていることで安定する。模倣が大好きであり、「友達と同じ」が大好き、誰かが折り紙で作った飛行機を持っていたら自分も欲しいと言ってくる。3歳児の保育室では同じものを持っているだけで嬉しそうに走り回っている姿をよく見かける。

〈事例6〉「卵焼き、ある人」

> お弁当の日、ヨシキはお弁当がうれしくて、ふたを開けるなり「卵焼き、ある人」と言うと、数人が「はーい」。それを見ていたリョウタが「プチトマト、ある人」と言うと、また数人が「はーい」と言う。次々にこのやり取りを楽しんでいた。

3歳児のクラスでは、このようなやり取りをよく見かける。お弁当の場に一緒にいる友達と「同じ」ということが嬉しいのと、自分の呼びかけに呼応してくれるのが嬉しくて関わりを楽しんでいる。同じ場で同じものを持っている友達に親しみを感じ、次第に関わりを深め、共通のイメージを持って遊びを楽しめるようになっていく。しかし、一方で自分の想いとのズレから衝突も多い。友達と楽しく遊ぶためには、譲ったり、合わせたりすることも必要なことに気づき、学べるように援助したい。

3 平行遊びの段階

同じ場で遊んでいてもそれぞれの思いは別で、一人の子がつぶやいた言葉を、そのまま模倣してつぶやきながら遊んでいたり、隣にいる子に話しかけて通じなくても、自分がしゃべったことに満足していたりする。

砂場での遊びを見ると、友達と役割分担したり協力したりして遊ぶ4、5歳児と違い、3歳児は友達と同じ場所で遊んでいても、干渉したり協力したりすることなく、個々にシャベルを使っていたり、砂場の縁に型抜き

したものを並べて遊んでいたりする。いわゆる平行遊びである。

　3歳児の遊びは、自分のイメージの世界で遊びが展開している。自分の世界で遊んでいるので、友達が使っているものを断りなく取ってしまったり、押しのけてしまったりして、ケンカになることもある。語彙(ごい)が増える時期ではあるが、自分の気持ちや「こうしたい」という思いを伝えるには不十分であるために、手が出てしまうこともある。自分とは違う思いを持つ他者がいるということに、気付けるように指導していきたい。

第3節　個人差・月齢差に配慮した3歳児保育

1　基本的生活習慣の自立

　食べること、排泄、衣服の着脱は、ほぼ自立する。睡眠は、3歳児はおよそ10～11時間必要といわれている。個人差もあり、季節やその日の体調にもよるが、午睡をとることもある。入園当初は、幼稚園でも昼食後に眠くなってしまう幼児がいる。家庭と連携しながら、幼稚園の生活リズムをつくっていくとよい。保育所や認定こども園、幼稚園での預かり保育など、長時間保育の場合は、園児一人ひとりの状況に応じて、午睡も含めた無理のない、自然な生活の流れを作っていく必要がある。

　排泄は遊びに夢中になっていると、失敗することもある。活動の節目でトイレに誘う声掛けをしていくとよい。排便の後始末は、保育者が手を貸すことも必要なことがある。改良された紙オムツの使用により「排泄の自立時期が遅くなってきている」と語る保育者が多い。

　衣服の着脱では時間をかけても、自分で着ようとする姿がある。上着のボタンを留めたり、前後を確かめてズボンをはいたりするなど「ひとりでできた」という経験を積んで自信を持つ。一方、気分が乗らないときや、甘えたいときは「やって」と依存してくることもある。いつでも

やらせることが自立と固く考えずに、時には保育者がやってあげることもあってよい。大人が幼児の頑張りに寄り添い「できた」という喜びを受け止めていくことで、幼児の主体性を育み、幼児が自分の生活を律していかれるように育てたい。3歳児は大人への依存を基盤に、自立に向かっている時期と言える。

2 幼児の実態に応じた指導

　年度初めの3歳児クラスには当然のことながら、3歳になったばかりの幼児と、もうすぐ4歳になる幼児が存在する。発達の著しい時期であるだけに、月齢差による発達の差は大きい。また、同じ月齢であっても発達は一様でないために、体の大きさはもちろん運動面・生活面で、できる子と、できない子との個人差が大きい。一人ひとりの発達を踏まえて、それぞれのテンポに合わせ、保育者が目標やモデルを示しながら、幼児が生活や遊びの中で成就感が持てるよう、きめ細かな援助が必要である。
　また、生活経験だけでなく保育経験による差も大きく、幼稚園での三歳児は、一番小さい子として多くの場面で擁護が必要だが、保育所で0歳から育ってきた子どもは、生活習慣も自立し、一人でできることもずっと多くなっている。
　遊びの中でも、幼児が「見てて」と何かに挑戦しようとするときや、目標を達成したときなど、共に喜び、認めていきたい。また、3歳児は知的好奇心を働かせて、探究しながら自分の世界を広げていく。原因と結果が分かるようになり、行動したり話したりしながら考える時期とも言われている。一人ひとりの幼児の興味関心に寄り添い、共感できる保育者でありたい。

3 遊びやすく片付けやすい保育室環境を

　保育室環境を構成する際、幼児が安定して過ごせるスペースを作っていくことも大切だが、片づけやすい環境を工夫することも大切である。

生活の場としての保育室を、幼児が遊んだ後自分の力できれいにすることの気持ちよさを感じられるようにしたい。

〈事例7〉パーティーごっこと後片付け

> ユリナは、パーティーごっこが大好き。ままごとコーナーにある全てのお皿をテーブルに並べ、その上にさまざまな物を並べて、ままごとコーナーにある物全てを使おうとする。やっと「いただきます」となった後、片づけが一仕事だが、それも遊びになっている。

3歳児の保育室は、遊具の数やコーナーを多めにしてあることが多い。ままごとで使う皿、コップ、スプーン、ごちそう、積み木などを入れるカゴには、それぞれに中身の写真を貼ったり、そのカゴを置く場所を、コーナーの棚に示したりすることによって、幼児が自分で片づけることができる。

どこに何をどのように片づけたらきれいになるか、片づける場所と物の位置を、視覚的に示す工夫があるとよい。

(〈事例〉すべて筆者作成)

【引用・参考文献】

秋葉英則・白石恵理子監修、大阪保育研究所編『3歳児』(シリーズ子どもと保育)かもがわ出版　2003年、pp.10-34

川原佐公編著『3歳児マニュアル:保育者と母親のための共に育てる共育書』ひかりのくに、1997年

厚生労働省編『保育所保育指針解説書』フレーベル館、2008年

森上史朗編著『3歳児の世界:育児と保育のために』世界文化社、1986年

文部科学省『幼稚園教育要領解説』2008年

無藤隆・岡本祐子・大坪治彦編『よくわかる発達心理学』(やわらかアカデミズム・〈わかる〉シリーズ)ミネルヴァ書房、2004年、p50

(古金悦子)

第12章　4歳児の保育内容

はじめに

　2階の保育室から、クラスで製作した、大きなこいのぼりが泳いでいるのが見えた。クラスで、こいのぼりの歌を歌い始めると、まなみが「こいのぼりにも聞こえるように」と保育室のドアを開ける。こいのぼりの歌が終わり、違う曲になると、ドアを閉めに行った。自分たちが作った愛着のあるこいのぼりにも、歌を聞かせてあげたかった優しさからの行動である。4歳児はこのように、大人にとっては、ほほえましいと思える現実と空想が混ざりながら生活している。

　また、4歳児は、園生活の仕方が分かり、自分たちで行動できるようになってくる時期である。心の成長は著しく、保育者の援助も実は難しい。この章では、具体的な事例を通して、4歳児の面白さ、難しさに触れながら、4歳児の保育内容と、そこでの保育者の援助について学んでいく。

第1節　4歳児の遊び

　自分がこれで遊びたい、この遊びがしたいという思いから、友達とこれがしたい、一緒にこの遊びをしたいというような、気持ちが高まってくる。遊び方にも、これまでの一人遊び中心から3、4人のごっこ遊びや、10人ほどで鬼ごっこをするなどの、ダイナミックな遊びが見られようになる。友達との遊びを通して、思いが通じるうれしさ、楽しさの共有を

得る一方で、思いのすれ違いからの悔しさ、悲しさを感じるなど、たくさんの感情を経験していく。そして、大人には思いつかないような、空想と現実が入り混じった発想の面白さが、4歳児には多く見られる。4歳児は、友達のとの遊びを通して、どのような経験や学びを得ているのだろうか。4歳児の遊びの内容を通して考えていく。

1 集団遊びの面白さ

＜事例1＞ 「楽しい」の共有「おばけごっこ」（5月）

> 　黒ビニールに頭を入れる穴をあけ、すっぽりかぶり、頭には白い三角をつけ、お化けに変身した女児5人。始めは、年少組へ驚かしに行っていたが、保育室に戻って、保育者と一緒にお化けの家を作り始める。家から出てきては、音楽に合わせて5人でお化け踊りをする。踊りが終わると、自分たちの家に戻り、ご飯を食べたり、寝たりする。そして、また踊りに行く。この繰り返しを5人で楽しんでいる。片付けの時間になると、お化けグッズは大切に、自分のロッカーにしまっていた。

　このお化けごっこは、お化けになっておうちごっこを楽しんでいる。これまでの、おうちごっこと、お化けごっこの経験が混ざって発展していった遊びである。それぞれの役割は特になく、みんなで、おそろいのお化けである。大好きな友達と、同じ服などを身に着け「おそろい」にすることで、仲間意識を感じているのだろう。これまでのおうちごっこより動きもあり、衣装がいつもと違うところから、この遊びの楽しさを味わっているようである。そして、なにより、友達と同じ動き、同じ衣装というところが「楽しい」の共有になっている。

2 友だちと一緒に

＜事例2＞ 通じ合っているからね「お寿司屋さんごっこ」(9月)

> お寿司屋さんごっこを始めるため、女児5人はそれぞれ1つずつお寿司を作っていた。まいが「お当番にしよう」と言った。一緒に作っている女児は「それがいいね」と答え、お寿司の作り方が流れ作業のような形に変わった。一緒にいた保育者は、すぐにはまいの「お当番」の意味が理解できなかった。まいは「お当番」という園生活での経験から、順番に行うことを「お当番」と発したのである。そして、一緒に作っていた女児は、まいの言葉をすぐ理解して、スムーズに展開していったのであった。

　まいの「お当番しよう」の一言は、大人の私たちには言葉が足らず、言葉の意味を理解しにくい。しかし、一緒に活動していた女児たちには、その意味が伝わっていたのである。この短い一言でも、子どもたちは理解し合っているのである。遊びのイメージが共有されていること、いつも一緒に生活していることから、通じ合えているのかもしれない。このような表現や子ども同士のやり取りは、大人にとってはほほえましいし、子どもの面白さを感じる場面である。子どもにとっては、これまでの経験からの学びとなっていくのである。

　4歳児の遊びは、これまでの遊びや生活経験から、事例のように面白いごっこ遊びが盛んになってくる。これは、友達と一緒に遊ぶ楽しさの経験や、一緒に遊びたい気持ちの育ちからである。しかし、方法が分からないことや、身体機能の発達上、まだ思いを形にしていくのが難しい時期である。なかなか、自分の思っていることができず、終わってしまうこともある。保育者は、子どもの状況をしっかり見て、今どのようなことに楽しんでいるのか理解する必要がある。

第2節　4歳児の生活

　生活面でも友達への意識が高まってくるので、自分のことはおろそかになっていても、友達や年下の子どもの世話をする姿も見られるようになる。一方で、自分の気持ちと相手の気持ちに、折り合いをつけるのが難しい時期でもある。相手の気持ちも分かるが、自分の思いをあきらめられない、そんな葛藤が増えてくる。また、園生活の仕方が分かってきているので、自分たちで生活を作っていく姿が、4歳児なりに見られるようになってくる。

1　葛藤　折り合い

＜事例3＞　机争奪戦　「昼食準備」（6月）

> 　給食前に保育者が机を並べて、グループごとに着席することになった。そこで、1つの机に2つのグループが集まってしまった。自分たちの机だとお互いが主張し始めた。どちらのグループのメンバーも譲らない。保育者がそばにいるが、誰も相談には来ず、言い合いを展開している。しばらくすると、解決したようで、片方のグループが別の机に移動していった。

　このトラブルは、個人ではなくグループによるトラブルである。おそらく一人の子ども同士が主張して、その後、自分のグループを守らなければという思いから、同じグループの子どもたちが加勢していったのだろう。そばにいる保育者に相談しに来ないことから、言い争っているグループのメンバーみんなが、当事者としての意識があったのだろう。そして、折り合いをつけて、子どもたちだけで解決していった。このように、まず自分の気持ちを言い合えることは、相手の気持ちを理解していく上で大切である。思いを伝える、相手の思いを受け入れる、そして折り合いをつけていくというような経験から、子どもたちは人との関わり

方や、仲間意識などを学んでいる。生活場面では、このように子どもたちが共に育つ場面がたくさんある。4歳児なりに自分たちの生活という意識が持てるように、保育者はその機会を奪わない配慮が必要である。

2　生活を楽しくする工夫

＜事例4＞　降園準備　「先生！　競争しよう！」（7月）

> 　金曜日は、外靴、帽子などの持ち帰りの日である。個人差もあり、のんびりと行う子どももいるので、時間がかかってしまう。ある金曜日、給食配膳前に、子どもから「先生の給食の用意と、私たちの持ち帰り、着替えどっちが早いか競争しよう」という提案があった。「ようし、先生負けないもんね。もも組全員と競争だよ」と保育者。子どもたちは「いいよー。勝ったら、いっぱい遊ぶからね」と張り切って持ち帰りの準備に取り掛かった。

　降園準備などの身支度場面は個人差も大きいし、子どもによっては苦痛と感じたり、面倒くさいことと捉えたりする。このような場面を子ども自ら、「先生との競争」という提案をし、保育者が応えることによって、苦手意識のある子ども、苦痛と感じている子どもにとっても、張り切って取り組める活動となっていく。生活は遊びではないが、工夫によっては、遊びのように楽しく取り組めるのである。事例の場合は、子どもからの発信であり、自分たちで楽しくする工夫が感じられる。また、競争することにより、全体的にテキパキと降園準備が進んでいく。このように、保育の場では生活と遊びの連続性が大切である。保育者は、子どもたちからの発信を柔軟に受け止め、一緒に楽しむ余裕が大切である。

　4歳児の生活は、園生活の仕方が分かり、出来るようになっているので、むしろいい加減になってしまったり、おろそかになってしまったりすることがある。保育者は言葉だけで伝えていくのではなく、楽しく取り組む方法の工夫を考えていくことが大切である。また、何気ない小さな生活場面を見逃さず、子どもの成長を捉えていきたいものである。

第3節　4歳児のクラス活動

　大好きな友達や保育者と過ごす時間は、子どもにとって楽しい時間である。好きな友達との関わりを大切にしながらも、さまざまな友達と関わる機会を設け、集団生活の面白さや心地よさを感じられるようにしていきたい。

1　競争意識の育ち

＜事例5＞　悔しい！「椅子取りゲーム」（5月）

> 　クラスで椅子取りゲームを行った際、早々に椅子に座れなかったゆうきは、その場で足をバタバタさせ泣きだした。子どもたちも、普段おとなしいゆうきの行動に驚きの表情だった。保育者が「悔しかったね」と声をかけても、涙は止まらなかった。保育者は見守りながら、ゲームを再開した。ゲームが終わるころには、ゆうきも落ち着いていた。しばらく日をあけて行った次回、またゆうきは、途中で負けてしまった。保育者も他児もどうなるのか見守ると、ゆうきは泣くこともなく、応援席に座って応援している姿があった。

　ゆうきは、椅子に座れなかったことに、悔しい気持ちを周りが驚くくらい全身で表現した。その後の様子から、思いっきり自分の気持ちを出すことによって、自分の行動や気持ちの整理ができたのだろう。また、徐々に周りの様子や状況を読みと取れるようになり、応援席に着くことができた。ゆうきのように、まず子ども本人が時間をかけて、自分の気持ちを整理していくことが必要である。保育者が気持ちに共感はするものの、あまりに気持ちに寄り添い過ぎると、かえって子どもは、気持ちの切り替えが出来なくなってしまうことがある。ゆうきは、自分で気持ちの整理ができたから、この次は、周りの状況を理解してこその行動を

取っていた。このように、子どもは自分なりに気持ちの整理をしていく。保育者が保育者の価値観だけで、我慢させたり、指示したりすることばかりでは、子どもが自分で考えて行動する力も、状況判断する力も、自己をコントロールする力も育ちにくい。子どもが、自分で整理できることを待てる余裕が保育者には必要である。

2 仲間意識

＜事例6＞ 肩組んで歌っちゃおう！（12月）

> クラスで『あわてんぼうのサンタクロース』を歌っているときである。楽しい歌で5番まで覚えた子どもたち。歌を歌うとき、誰からともなく、肩を組み、左右にリズムを取り出した。気が付くとクラス全員で！
> 『あわてんぼうのサンタクロース』作詞：吉岡治　作曲：小林亜星

　楽しそうな雰囲気を感じる場面である。保育者が肩を組んで歌おうと指示したのではなく、リズムに合わせて、なんとなく数人で肩を組んで歌う姿が、周りの子どもたちにどんどん広がっていって、気が付くとクラス全員で肩を組み、左右にリズムを取って歌っていたのである。何気ない一場面ではあるが、クラスの心地よさ、子ども同士のつながり、そのようなことが自然にできるクラスの雰囲気、なんだか楽しい気分が広がっていく。みんなで一緒に歌を歌うというような、あたりまえの場面からも、子どもたちは友達のよさを感じているのである。自然に楽しい気持ちが表現できる状況や、クラス作りが保育者には求められる。そのためには、保育者が子どもからの提案や、考えを受け入れる余裕が求められる。また、一緒に楽しめる保育者自身の面白さも大切である。

第4節　保育内容と保育者の援助

1　葛藤と向き合う姿への理解

(1) 自分との葛藤

　自分のことができるようになってきて、自分でやりたい気持ちが高まってくる。しかし、やりたい気持ちと出来ることは、まだ全てが一致しない。保育者は、まずやりたい気持ちを、丁寧に受け止めることが大切である。片付けや着替えなど生活の切り替え場面では、子どもたちの思いを受け止めながら、切り替えができるように、工夫していくことが大切である。遊び場面では、自分の思いと現実に葛藤する。保育者が「これは無理」と突き放すのではなく、どのようにすれば解決するのか、実現できるのかを一緒に考えることが大切である。保育者が答えを導くのではなく、方法を一緒に考えたり、提案してみたりすることで、子どもの考える力、思考力につながっていくのである。

(2) 他者との葛藤

　友達と遊ぶことが楽しいと感じる気持ちが、どんどん大きくなっていく4歳児。その中で、自分の思いと友達の思いが、いつも一致するとは限らない。自分はこれがやりたいという気持ちと、この友達と遊びたいという気持ちの中で、子どもは葛藤している。また、やりたいことがうまくできなかったり、思いが実現できなかったりということも多く、このような場合も、子どもは葛藤して気持ちが揺れることも多い。保育者は、自分と他者との葛藤の場合は、まずは丁寧にその子どもの思いを受け入れ、相手に伝える援助をしていく。そして、友達と遊ぶときは、必ずしも自分の思いだけでは楽しめないこと、我慢すること、自己抑制力をも学ぶ経験となるような、関わりをしていくことが大切である。

2　友達を感じる生活作りへの理解

　友達と一緒に過ごす心地良さを感じている子どもたち。みんなで楽しめる空間、時間の工夫をしていくことが保育者に求められる。言葉遊びや簡単なルールのある遊びなどを、状況に応じて保育内容に取り入れ、友達と過ごす楽しさを味わえるようにする。みんなと同じ活動をする中でも、4歳児なりに葛藤や面白さなど、さまざまな感情を経験しているからである。

　また、保育者が子どもと共にわくわくしていく毎日が、子どもにとって楽しい園生活になっていく。それは子どもと共に楽しめる工夫、環境構成が、子ども自ら自分たちの生活をつくり出す、源となっていくのである。

おわりに

　子どもは優しい先生が大好きであると同時に、面白い先生が大好きである。ふざけるのではなく、生活にユーモアを持っている保育者である。保育者の何気ないセンスが見せどころである。是非、みなさんも、子どもの面白さに共感できる面白さを自身に育ててほしい。そして、子どもの姿を捉えた保育内容を構成していってほしい。

（〈事例〉すべて筆者作成）

【引用・参考文献】
　河崎道夫『ごっこ遊び』ひとなる書房、2015年
　中田基昭編著、大岩みちの・横井紘子『遊びのリアリティ』新曜社、2016年
　日本保育学会編『保育学講座3』東京大学出版会、2016年

（前田和代）

第13章　5歳児の保育内容

　5歳児は、これまでの経験や自分や周囲の状況を感じ取りながら、次にとる行動が分かってくる時期である。一日の生活の流れを見通すことが可能になるため、手洗いや食事の準備、着替え、片付けなど、その必要性を理解しながら自ら進んで行動できるようにもなってくる。

　また、自分のことだけでなく、人の役に立つことが誇らしく感じられるようになる時期でもあり、保育者の手伝いをしたり役割をもって活動したりすることに意欲的に取り組んでいく。年少児の世話をしたり、自分たちの遊びの場へ年少児を招待したりするなど、年長児としての自覚と誇りをもって生活する姿が顕著に見られるようになる時期でもある。

　このように、5歳児の保育では、幼児自らが考え行動し、また、幼児同士の協同で生活を進めていけるような、ゆとりある生活の展開が必要となる。また、飼育動物や植物の世話など、役割ある当番活動に継続的に取り組めるような環境の構成や、保育者と共に生活や遊びの場を整えていく機会、年少児との関わりが持てるような場などを、十分に保障していくことが求められる。

第1節　運動的側面の発達と保育内容

　5歳児になると、竹馬や縄跳び、ボール遊びなど、体全体を協応させた複雑な運動にも興味をもって取り組み、自分なりの目標に向かって繰り返し挑戦する姿が見られるようになってくる。また、持久力や集中力

がつき、鬼ごっこやドッジボールなど、体を存分に動かした集団遊びに継続的に取り組むようになる。こうした集団遊びでは、幼児同士でルールを共有し、競い合いながら遊ぶことを楽しむようにもなる。

　このような発達の特徴を踏まえ、竹馬遊びや縄遊びなど、幼児なりの目標に向かって継続的に取り組めるような運動遊びや、幼児同士でルールを共有しながら、活発に遊べるような集団遊びなどを5歳児の保育内容として積極的に取り入れていく。ただし、それらの遊びが、幼児の興味に基づいて行われ、また、幼児の気づきや幼児同士の話し合いによってルールがつくり出されていくなど、5歳児にとってふさわしい生活として展開されるように留意されなければならない。

　さらに、手先を器用に使って、細かな飾りを作ったり絵を描いたりすることにも根気強く取り組むようになる。保育者の援助によって、のこぎりや金づちなどのさまざまな用具を使って、物を作ることにも挑戦するようになってくる。このような手先を使った製作遊びに幼児が興味をもって取り組むには、保育のねらいに応じた素材や材料の選択・準備など、きめ細やかな日々の環境の構成が重要な役割を果たす。また、さまざまな用具の扱い方を適切に伝えていく保育者の援助など、幼児への個別の関わりや安全面への配慮も必要不可欠である。このような点に留意しつつ、いろいろな形の木片を使い、創意工夫しながら、幼児のイメージしたものを作り出していく木工遊びなどを積極的に保育内容として取り入れている保育実践も見受けられる。

第2節　言葉の発達および思考力の芽生えと保育内容

1　言葉による伝え合い

　5歳児の集団生活においては、幼児同士の言葉による伝え合いやその必

要性が増してくる。さまざまな生活の場面や遊びにおいて、自分の思いや考えを伝えたり、相手の話をよく聞いたりすることは、言葉による伝え合いを促すとともに、他者の思いを理解したり受け入れたりする経験となっていく。幼児同士で課題となっていることを共有し、それを自分たちで解決していく力を育む上においても、こうした経験は重要である。

さらに、幼児同士でイメージを共有したり、ルールをつくり出したりする協同的な遊びは、言葉による伝え合いと他者理解を、より一層引き出していく5歳児の保育内容として、重要視されるものである。〈実践事例1〉は、言葉による伝え合いが盛んに行われた、協同的な遊びの一場面を掲載したものである。バスに乗って秋の遠足に出かけ、アスレ

〈実践事例1〉「わたしたちのようちえんのおはなしーえんそくのまき」
（2年保育5歳児：11月中旬～12月中旬の遊び）

- 秋の遠足の経験を基に人形劇のストーリーを考えたり、登場人物を描いたペープサートなど、遊びに必要な物を作ったりする。
- 幼児たちがイメージやアイデアを出し合いながら、登場人物や身に付けているリュックサックや、その中に入っている物などを作る。
- 遠足で経験したさまざまなアスレチックやバス、バス停など、必要な物を伝え合い、役割分担しながら作り出す。
- 作った物を使って演じてみようとする。幼児一人ひとりが考えた言葉や、友達の言葉につながるセリフを考えたりしながら人形劇が始まる。
- 人形劇がうまく進まないという課題に出合い、人形劇を演じる皆でストーリーの進め方を話し合ったり、紙に書き留めたりしようとする。
- 幼児たちで気付いたことや考えたことを伝え合い、試行錯誤しながら課題を乗り越えようとしたり、演じたりして、遊びを継続していく。

出典：[小尾麻希子、2012] より筆者作成

チックで遊んだという仲間との共通体験を基にして創り出していった人形劇ごっこは、約1カ月間にわたって展開された、6名の幼児による遊びである。

5歳児の保育では、こうした少人数のグループにおける遊びを積極的に取り入れつつ、幼児一人ひとりの思いや考え、イメージ、さらには、幼児同士の言葉による伝え合いが、豊かに引き出されていくような環境の構成と、保育者の意図的な働きかけが必要である。少人数での遊びを学級の中で伝え合い、その楽しさや課題を共有し、考え合うことは、学級全体で取り組む遊びへと、つながっていく経験となるのである。

2 思考力の芽生え

5歳児は、さまざまに試したり工夫したりして遊びながら、事物を比べたり、その違いや共通性を見いだしたりしていく時期である。例えば、春の園庭では、草花をすりつぶして色水を作ったり、またそれをジュースに見立てて「店屋ごっこをする」というような遊びが展開される。幼児は、そうした遊びの中で、色水の濃さを比べたり混色したりしながら、さまざまな気づきを得ていく。さらには、自分の作り出したい濃さや色合いの色水を、作り出したいという目的が生まれ、その目的に向かって試行錯誤しつつ、根気強く取り組んでいく姿が見られるようになる。

こうした幼児の姿は、他の幼児の様子を見ることや幼児同士の伝え合いによっても、より一層引き出されていくものである。また、色水ではなく、ジュース作りというイメージを持つことにより、色水作りへの興味・関心がより豊かに引き出され、幼児が主体的に継続的に取り組む遊びとして根差していくのである。

5歳児の保育では、幼児が身近な事物や自然と触れ合って繰り返し遊べるような環境の構成や、保育者の意図的働きかけが必要である。そうした遊びにおける幼児の試行錯誤や創意工夫は、さまざまな事物や事象に対する発見や気づきの源になるものである。このような幼児の思考力

の芽生えを培う遊びは、5歳児の保育内容として積極的に取り入れていきたい。

第3節 人間関係の発達と保育内容

1 協同的な遊び

　5歳児は、集団での活動の高まりとともに、仲間との生活の中で、さまざまな葛藤を体験しながら成長する。また、この頃になると、友達の仲間の意思や、仲間の中で通用する約束事が大事なものとなり、それを守って生活しようとするようになる。集団の一員としての自覚が生まれ、仲間と役割分担をしたり、自分の役割を果たしたりしながら、自分への自信と、友達への親しみと信頼感を高めていく時期でもある。

　こうした時期には、ごっこ遊びを発展させた協同的な遊びが活発に展開され、一人ひとりが役割を担いながら、遊びを持続させていくような保育内容を積極的に取り入れていきたい。

　幼児は、ごっこ遊びや協同的な遊びの中で、自由に発想し、さまざまな工夫を凝らしながら、思い描いたことを実現していこうとする。遊びはより複雑なものとなり、試行錯誤して遊びながら満足いくまで楽しもうとする。そうした5歳児の協同的な遊びの実践事例［小尾麻希子、2012］を基に、述べることにする。

2 実践事例2「すみれランドを作ろう−忍者の的当て遊び」
　　（2年保育5歳児11月中旬〜12月中旬の遊び）

(1) 遊びが生まれた背景
　幼児同士で考え合い、準備し、遊びを継続し、年少児や保護者を招待した「店屋ごっこ」の楽しさと達成感が、「すみれランド」を作ろうと

いう思いにつながっている。「すみれランド」は、学級の幼児全員で役割分担しながら遊びを創り出し、また、そこへ年少児や保護者を招待して、共に遊ぶという趣旨において実施されるものである。この実践に当たっては、まず、学級活動の場において、どのような「すみれランド」をつくりたいのか話し合い、遊びのイメージを出し合った。「忍者の的当て遊び」やアスレチックで遊んだことを基にした「人形劇を作り出したい」という意見が出された。学級全体の場における話し合いと活動、好きな遊びの時間におけるグループでの話し合いと活動、これらを保育のねらいに応じて適宜取り入れていった。

(2) 遊びのねらい、内容

【ねらい】
・友達と共通の遊びの目的に向かって、考え合ったり、伝え合ったりして、遊びを創り出していく楽しさを味わう。
【内　容】
・遊びのイメージを言葉で伝え合い、遊びに必要な物を作り出す。
・試したり工夫したりして繰り返し遊びながら、遊び方やルールを考えたり伝え合ったりする。
・遊び方やルールを共有し、友達と共に遊びを進めていく。

(3) 遊びの展開

【11月14日】学級活動の場における話し合いと遊び

- 学級活動の場で、どのような的当てを作りたいのか話し合う。

◆幼児の意見（イメージを伝え合う）
「悪者の殿や忍者がいる城を作りたい」
「城にボールを飛ばして、悪者の殿や忍者をやっつけたい」
「城の上には殿がいる」「悪者の忍者が殿を守っている」
「姫が捕まって城の中にいる」「射的で悪者の殿や忍者を倒す」など

- 幼児のイメージを基に、的当てに登場する人物と、それを的にして遊ぶ方法を考える。

> ◆ 幼児の意見（考えを出し合う）
> 「殿や忍者は、紙に書く」
> 「紙に書いた殿や忍者を箱やペットボトルに貼る」
> 「一番上にいる殿は倒すのが難しいので、大きいペットボトルに貼ってみるとよい」
> 「城は、積み木をもっとたくさん運び、組み立てて作る」など

- 話し合ったことを基に、学級全員で的を作る。幼児一人ひとりが登場人物を作ることから始める。作りながら新たなアイデアが浮かび、新しい登場人物や物を作っていく。

【11月21日】好きな遊びの中での取り組み

- 的を置く城を作る。
- A児、B児が積み木を構成し、射的の的を置く城を作り始める。C児は大保育室から保育室へ新たに積み木を運び込み、A児たちと一緒に構成し始める。他の幼児も数名加わり、的を置く城を作っていく。
- 的を城に並べたり、倒すことが難しい的を作ったりする。
- 昨日作った的を積み木に並べ始める。どの的をどこに並べるか考えたり、倒すことが難しい的には、的を取り付けているペットボトルの中にどんぐりを入れて重くしようと考える。

> ◆ 繰り返し遊びながら気付き、遊び方を考えたり、ルールや新たな的、看板等を作り出したりする
> 　「忍者を全部倒すと、姫を助けることができる」「姫はロープで助けよう」「姫を助けるロープを作ろう」「『ひめはろーぷでたすけられる』という看板を作ろう」「宝をもっと作ろう」「宝を運んでくる牛車も作ろう」など、幼児たちが繰り返し遊びながら、気付いたことを話し、遊び方やルール、新たな的や看板、必要な物を作っていく。

【11月26日〜継続して展開された遊び】好きな遊びの中での取り組み

- よく飛ぶ的当て用具の作り方に気付き、試行錯誤しながら作り出す。

自分の作った的当て用具で、繰り返し射的のボールを飛ばし、ねらった的にボールが当たったり外れたりすることを経験する。友達が飛ばす様子を見ながら、ボールがよく飛んだり飛ばなかったりする原因が、飛ばすときの姿勢や手足の動きにあること、また、どのように的当て用具を作り出しているのかによって、違うことに気付く。「ペットボトルと割りばしの隙間をテープで留めよう」「ボールに取り付けているゴムを2重にしてみよう」「3重にしてゴムをテープでまとめてみよう」等、気付いたことを話し、射的用具やボールを改良していく。改良しては的当て用具でボールを飛ばして的をねらい、喜んだり、うまく飛ばないので、さらに考えて改良したりして試行錯誤している。

【11月27日〜継続して展開された遊び】好きな遊びの中での取り組み

- 役割を分担したり、交代したりして的ごっこをする。

　A児、B児、C児は、友達が当てた忍者や殿の的当てを取り除いたり、飛ばしたボールを拾ったりする役割を担い出した。A児たちは「忍者を全部倒したから殿を倒してもいいよ」「『ひめはろーぷでたすけられる』っていう看板を倒したよ。このロープで姫を助けて」等と、他の幼児に伝えながら自分達の役割を果たしていっている。D児、E児が「今度は僕が店の人になるわ」と言って、役割を交代し始めた。

- 遊びながら考えたことや気付いたことを話し、遊びに必要な物を作り出していく。

・F児が姫の的にロープを掛け、斜面から滑らせて助けようとした。ロープで助けたものの、姫の的は海の中に落ちてしまうので、F児が「船を作ろう！」と考え出す。他の幼児も「それはいい考え！」「僕も作ろう」等と言いながら、空き箱や割り箸等を使って船を作り始める。
・助けた姫をロープに引っ掛け、斜面を滑らせ、下で待ち構えている船に乗せて、引き寄せて助けるという新たな遊び方が生まれ、遊びに参加している幼児で共有して遊びを進めるようになる。

【11月28日】

- 幼児が友達と遊ぶ中で考えたり、気付いたりしてきた遊び方やルールを、教師と一緒に整理して学級全員に伝える。

- 学級全員で遊び方やルールを共有して遊ぶ。

【11月29日〜】
- 新たに必要な役割を作ったり、役割を交代したりして遊ぶ。
- 遊びながら気付いたことを伝え合い、新たな遊び方を考えたり、遊びに必要な物を作ったりする。
- 遊びを進めているグループの友達と、遊びの様子を学級活動の場で伝え、新たに考えたこと、工夫したこと、困っていること等を、学級の友達と共有したり、考えを出し合ったりする。学級の友達と考え合ったことを実現したり、皆で遊んだりする。
- 年少児を招待する準備をする。

このような協同的な遊びにおいて、思いや考え、イメージなどを言葉によって伝え合い、仲間と共有する遊びの目的を生み出したり、仲間と話し合い、試行錯誤しつつ、遊びの目的を達成しようとしたりしていくのである。また、遊びの中で役割が生まれ、幼児一人ひとりがその役割を担うことによって、協同しながら遊びを持続していくようにもなってくるのである。

【引用・参考文献】
　小尾麻希子「幼稚園5歳児保育実践記録集2012年度版」武庫川女子大学小尾
　　　麻希子研究室、2012年
　厚生労働省『保育所保育指針解説書』フレーベル館、2008年

（小尾麻希子）

第14章 地域と結びついた保育内容

第1節　地域との交流

1　保育所・幼稚園と小学校との方針の違い

　ここでは、保育所・幼稚園と小学校それぞれの「地域との交流」における活動方針の違いについて見ていこう。

　まず、その違いの一つに、指導方法の違いが挙げられる。たとえば、小学校教育のねらいは、基本的には、各教科の授業とその時間数により、骨格が示される。こうした制限された時間数のなかで、「地域との交流」を導入する場合は、授業時間などを踏まえた上での活動になり、その展開には、ブレーキがかかりやすい。したがって、小学校は保育所・幼稚園と違い学校以外の地域、あるいは学校以外の人々と接する機会が限定されてくる。

　一方で、幼児教育のねらいは、「幼児が様々な体験を積み重ねる中で相互に関連をもちながら次第に達成に向かうものであること」とし、「幼児が環境に関わって展開する具体的な活動を通して総合的に指導されるものであることに留意しなければならない」と幼稚園教育要領（2017）に記されている。つまり、こうした流れを念頭において指導案が作られる場合、「地域交流活動」は組まれやすい。

　横井紘子（2011）は、保育所・幼稚園を「園文化」として、小学校を「学校文化」として捉える。そして、保育所・幼稚園と小学校の違いが如実に表れるものとして「環境を通した教育」をあげ、保育所保育指

針・幼稚園教育要領（以下、指針・要領と示す）には、頻出する「環境」という言葉は、小学校学習指導要領には、ほとんど登場しないことを指摘している。

　上述したように小（中）学校においは、「地域交流活動」の必要性を十分認識しながらも、保育所・幼稚園と違い、カリキュラム上、その導入が困難であるという事実がある。したがって、このような状況を打破するために、近年、「コミュニティ・スクール」（別称：学校運営協議会制度）という仕組みを置く学校が増えてきている。

　「コミュニティ・スクール」とは、学校周辺にある様々な資源を活用し、地域の学校づくりを進めるというシステムで、保護者や地域の人々の意見、あるいは地域の伝統文化を反映し、学校教育・地域社会・地域文化を統合させた学校づくりを目指していくような制度である。したがって、学校とは繋がりの少なくなった地域住民でも何らかの学校運営に参画できる仕組みや考え方を含んだシステムと言える。

　私が以前、ある県のスクール・ソーシャルワーカー（スーパーバイザー兼務）として勤務していた中学校でも、「コミュニティ・スクール」を立ち上げて活動していた。その活動とは、たとえば、中学生が近くのお寺でお茶会に招かれたり、コミュニティ・センターで乳幼児のお世話係をしたり、地域の陶器文化とふれあったりと、人、物、文化、自然を通じた活発な地域活動が組み込まれ、授業中では見られないような楽しげな表情の生徒の姿を見ることができた。現在、「コミュニティ・スクール」は、2017年4月からその導入が努力義務化されている。こうして、小学校等での学校教育でも、児童・生徒を取り巻く「環境」へのコミットメントにおいては、地域交流への扉が徐々に開かれつつある。

2　五領域の中の「環境」という概念

　周知のように、指針・要領には、五領域の中の一つとして「環境」がある。この領域は、1989（平成元）年の要領改訂までは、「自然」とい

う言葉で示され、小学校の「理科」と直結した味方がなされていた（2015、柿沼芳枝）。しかし、改訂後は、自然環境だけではなく、物的・人的・社会事象・文化を含んだ広い意味での「環境」として捉えられている。したがって、保育所・幼稚園では、広義上の環境と関わる活動を推奨し、子どもが様々な場面で実体験を積み重ねることを重要視している。つまり、上述した小（中）学校の「コミュニティ・スクール」内容と同様の意味を持つ。

また、1986（昭和61）年にまとめられた「幼稚園教育の在り方について」では、従来の教育要領の問題点の一つとして、「家庭、地域社会、小学校等の連携がこれまで以上に求められている」と指摘されている（西野泰広、89）。このことは、すでに保育所・幼稚園が30年以上も前から地域交流の大切さを視野にいれた積極的姿勢が窺え、それらが今日の保育に実を結んでいると言える。

第2節　保育における地域資源の活用

1　地域資源とは何か

「地域資源」という言葉を、「保育」あるいは「子ども」に関する地域資源として見ていこう。「保育」あるいは「子ども」に関する地域資源には、山・川・海などの「天然（自然）資源」、それから、公園や遊園地、遊技などの「人工物」、さらに保育士・幼稚園教諭・看護師などの「人的資源」、そして、行政・福祉システム・サービス等の「社会的資源」、地域祭りや地域運動会などの「文化的資源」等、さまざまな資源が存在する。つまり、これは、まさに5領域の「環境」の視点と同様なのである。そして、その資源は、数えきれないくらい私たちの周りに存在している。

2　地域資源の有効活用

　地域資源というのは、それが存在していても人々が活用しなければ資源とはならない。したがって、どんなに資源豊富な環境で育ったとしても子どもにとっては、周りの保育者によってそれらが提供されなければ、資源に触れることはできない。また、自然豊かな環境で育った子どもと都市部で育った子どもの地域資源はまったく同じではない。だからといって、どちらかに良し悪しがあるということを焦点とはせず、豊富な天然資源や便利で創造的な交通手段等のモノ資源を子ども自身が発見していくように保育者の促しが必要となる。そして、資源を活用し、子どもたちが多くの体験を積み重ねることにより、視野（世界）を広げる機会を与えるということが重要になってくる。

(1) 見えにくい社会資源

　資源というと、見えるものをすぐにイメージしてしまいがちだが、資源には、見えにくい資源もある。その1つが社会資源である。例えば、私たちが目的別に加入している医療保険等も社会資源の一つである。社会資源は、今日、生活の多様化により、さまざまなサービスが提供されている。真新しいものでは、子どもの養育に何らかの支障・困難が生じた場合に対応される「短期入所生活援助（ショートステイ）事業」や「夜間養護等（トワイライトステイ）事業」などがそれに当たる。これらは、新たな家族形態や生活スタイルのニーズに対応したもので、これまで保育所が担ってきた地域における親への支援を児童福祉施設等が積極的に取り入れているサービスの一例である。

(2) フォーマル・インフォーマルな資源

　こうしたサービスには、フォーマルなものとインフォーマルなものとがある。フォーマル資源とは、前述した「ショートステイ事業」や「トワイライトステイ事業」などのように、国・県・市区町村の公的機関が運営する行政サービスであり、例えば、児童相談所、地域包括支援セン

ター、保健所、国立病院、市区役所・町村役場等で担う福祉サービスなどの資源を指す。市区町村の広報などに目を通すと必ず、サービスの情報が掲載されているので、保育者は常日頃から気を付けておきたい。一方、インフォーマル資源とは、公的ではなく、民間の団体、あるいはボランティア団体等のサービスであり、自治会、婦人会、家族会、NPO、サークル、保護者会、茶話会等の活動・人脈を指す。こちらは、自身でアンテナを張っていないとなかなか情報をキャッチするのが難しい。

そして、どちらのサービスも一長一短がある。例えばフォーマルサービスは、安定した質の高いサービスが受けられる一方で、行政事務の手続きが煩雑で、サービスを受けるまでに時間を要する。また、画一的なサービスゆえに、個人的で細かいサービスニーズにおいては、柔軟性に欠ける。他方、インフォーマルサービスは、個人のニーズにあった柔軟な対応が可能だが、専門性・安定性に欠けるケースもあり、問題が生じた場合の責任の所在を明確に問えないこともある。保育者は、こうしたメリット・デメリットを踏まえ、フォーマル・インフォーマルの各資源を取り入れつつ、有効活用につなげたいものである。

3 地域交流の具体的資源

以前、筆者の勤務先である短期大学生に「幼稚園・保育所等の地域交流について、あなたの体験談を聞かせてください」といった質問調査を実施した。**図表1**は、その回答をできるだけ明確にするために、5W1Hの要素から簡略化し作成したものである。ちなみにWhy（なぜ）というのは、「交流のため」ということでここでは割愛し、4W1Hを以下に示すことにした。主語は、学生（20歳前後）である。

(1) 活発な地域交流

今回の質問調査結果では、昨今の大学生は、中学・高校時代にすでに職場体験（インターンシップ）ならびにボランティア活動が学校教育のプログラムに組まれているためか、多くの学生がすでに保育所・幼稚

図表1　地域交流の実態

NO.	①When	②Where	③Who	④What	⑤How
1	保育園児	保育園	高齢者	運動会	運動競技
2	保育園児	老人ホーム	高齢者	クリスマス会	歌・踊り
3	小学生	幼稚園	地域の人	夏祭り	バザー
4	保育園児	保育園	地域の人	秋祭り	草鞋作り
5	幼稚園児	幼稚園	高齢者	誕生日会	歌・踊り
6	幼稚園児	公園	地域の人	餅つき大会	餅つき
7	保育園児	町内	地域の人	お祭り	おみこし
8	保育園児	老人ホーム	高齢者	季節行事	昔の遊び
9	保育園児	老人ホーム	高齢者	発表会	和太鼓
10	保育園児	介護施設	利用者	演奏会	楽器演奏

筆者作成

園・福祉施設等での種々の交流体験を経験していたことが示された。

その一例を挙げると、「高校生のとき、吹奏楽部に入っており、近くの保育園・幼稚園に演奏に行った」体験や「高校生のとき、近くの保育園児や幼稚園児が学校（農業高校）の畑にサツマイモやジャガイモなどを掘りに来て、交流することが年に3回ほどあった」や「高校3年生のとき、地域の幼児や乳幼児が集まる読み聞かせ会に、ボランティアで参加し、絵本の読み聞かせや手遊び、人形を使った寸劇をした」等々、幼稚園児や保育園児を交えての地域交流を体験した学生が大勢いた。

(2) 地域交流の詳細

図表1は、上述した職場体験等を除いたもので10例ほど列記している。まず、①学生自身のいつの時代の体験か、②どこで、③誰と、④何をして、⑤どのような動きをしているかを、聞いてみたものである。例えば、NO.1は、学生（短大生）が保育園児だった頃、保育園で、高齢者と一緒に運動会で運動競技をしたという交流話である。本調査では、すでに多くの学生が幼少期から、地域の人々と密に交流があったことがうかがえた。

第3節 家庭との連携

1 山積する不可解な事件

現代は、地域交流が乏しいと予想される都心部だけではなく、自治会など地域交流活動の盛んな町村においても、子どもが犠牲になってしまう事件・事故が後を絶たない。筆者が本原稿を書いている最中にも、F県S町で3歳から10歳までの4児のきょうだいが母親の手により他界した。F県S町はのどかな田舎町で、凄惨な事件を起こした母親の印象も、近隣住民にとっては「信じられない」と感じられている。

2 孤独な保護者

昨今のこうした事件の背景に、孤独な母親像が見て取れる。事件を発見した父親さえも、心身に大きな衝撃を受けたとコメントしている様子から「なぜ」という気持ちでいっぱいなのだろう。しかし、母親がこのような事件を起こすまでには、おそらく何らかの兆候は見られたに違いない。おそらく誰にも相談できず、また誰かが「おかしい」と気遣う機会も少なかったのであろう。一昔前のような拡大家族であれば、祖父や祖母、叔父、叔母が近隣にいて、少なからずおかしな様子を感じ取ることもできたであろう。しかしながら、今日の核家族化・流動型社会により、そのような血縁的・土着的なつながりは皆無になり、他者とのつながりを持てない、孤立した家族が増加しつつある。そして、犠牲になるのは、いつも弱者である子どもたちなのである。

3 ジェノグラムとエコマップを活用して

こうした家族の問題を解決するために、保育者はどのような手立てを考えたらよいのか。そこでまず、提案したいのは、家族の情報収集と地

図表2　ジェノグラム&エコマップ

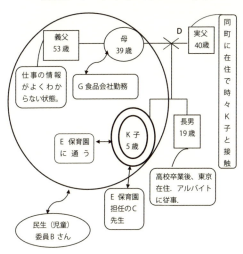

□は男。○は女。離婚は「D」または「×」。太線枠は同居。2重枠は、クライエント。

(筆者作成)

域資源の有効活用を考えることである。そして必要となるのが、家族関係を図にしたジェノグラムと地域資源を考えるエコマップの作成（**図表2**）である。ジェノグラムやエコマップという用語は、保育現場ではあまり聞き慣れない言葉でもあった。しかし、近年、ステップファミリー（血縁関係のない親子・きょうだい関係）や母子・父子家庭の増加により、家族形態や家族関係においてアセスメント（事前調査）を必要とする状況が生じ、「保育ソーシャルワーク」という用語も頻繁に出現するようになった。そして複雑な家族状況を様々な専門家が明確に迅速に情報共有できるように視覚的に図式化したものとしてジェノグラム（家族の人間関係図）やエコマップ（地域社会関係・社会資源の生態地図）が活用されるようになる。これらの図は、種々の記号や線を用いてクライエントやキーパーソンに関する情報を鳥瞰図的に表したものである。

　図表2（フィクション）は、K子をクライエントとして、K子の家族関係（ジェノグラム）とK子を取り巻く環境（エコマップ）を端的に図式化

第14章●地域と結びついた保育内容　*133*

した例である。保育者は、こうしたアセスメントツール（調査や評価の道具）を採り入れながら、家族や子どもたちへの適切な支援を心がけたいものである。

【引用・参考文献】

　　柿沼芳枝「戦後の展開」柴崎正行編著『保育内容の基礎と演習』わかば社、2015年、p68

　　西野泰広「ねらい及び内容のなりたち」岸井勇雄ほか編『保育内容総論』（現代幼児教育研究シリーズ）チャイルド本社、1991年、p89

　　横井紘子「保育所・幼稚園と小学校の違い」酒井朗・横井紘子『保幼小連携の原理と実践』（双書新しい保育の創造）ミネルヴァ書房、2011年

（西島〈黒田〉宣代）

第15章 これからの保育内容

第1節 子ども・子育て支援新制度に対応して

1 子ども・子育て支援新制度の目的

「子ども・子育て支援新制度」は戦後最大の保育制度改革であるともいわれる。この制度は量と質の両面から子育てを社会全体で支え、必要とする全ての家庭が利用できる支援と、全ての集団保育（教育）の質の向上をもって、子どもたちがより豊かに育つ支援が目指されている。

保育を必要とする子どもとその家庭には、子どもの年齢や親の就労状況などに応じた支援の選択肢を増やし、家庭で子育てをしている場合には、一時預かりなどのニーズに応じた支援が選択できるよう事業化された。多彩な支援が事業化されるなか、第2節の延長保育、第3節の小規模保育なども、新制度の事業として位置付けられた。

2 集団保育（教育）施設での教育活動

4、5歳児において、99％の子どもが集団保育（教育）を受けて、小学校に進学しているという現在の状況を踏まえると、学校教育は小学校からではなく、幼児期からすでに始まっているとも考えられる。これまでと同様、これからも幼稚園、保育所および認定こども園の教育内容の整合性が図られ、いずれの施設に通う子どもについても、同等の内容での教育活動が確保されていくことが、新制度において明言されている。

これからの集団保育（教育）では「幼児教育において育みたい資質・能力」の育成を目指し、小学校教育との円滑な接続のあり方を踏まえた「幼児期の終わりまでに育ってほしい姿」を念頭におき、幼児の主体的で協同的な活動の充実を、より意識的に図っていくことが重要である。いずれの施設で育つ子どもにも、質の高い教育が保障されるよう、カリキュラムを編成、実施、評価、改善していくという前向きな姿勢が、集団保育（教育）を担う保育者一人ひとりに求められている。

第2節 長時間保育に対応して

1 延長保育

　子育て家庭の中で、両親ともに就労する割合が増加する一方、子育て期にある男性が長時間労働を行う割合も、依然として高い水準にある。就労と家庭生活との両立は変わらぬ課題とされ、保育時間を延長して子どもを預けられる環境への希望は、さらに高まる傾向にある。

　延長保育事業は、通常の利用日や利用時間帯以外に保育所、認定こども園等が引き続き保育することで、安心して子育てができる環境を整備する事業である。事業が推進されることに伴い、長時間保育への対応が課題となっている。保育所保育指針には長時間にわたる保育について、子どもの心身の状態などに十分配慮して、保育の内容や方法などを指導計画に位置付けることと記述されている。

　長時間保育については、子どもが安心して、安全に一日を過ごせることが通常保育にも増して重要と考えられる。いつも保育者が近くにいることを感じられるような保育空間を工夫し、異年齢児と触れ合いながら好きな遊びを楽しめるような、家庭的環境であることが望ましい。さらに安全については、保育者間の情報の共有や、危機管理を徹底すること

が求められる。

　保護者には子どもの食事、睡眠、排泄、遊びなどの様子を丁寧に伝え、子どもが家庭で過ごす時間が充実するように配慮したい。子どもの育ちを保護者とともに喜び、保護者が子育てを前向きに捉えられるような支援とすることが望まれる。

2　預かり保育

　幼稚園では、教育時間の終了後等に希望する者を対象に行う教育活動、いわゆる預かり保育が、1998（平成10）年改訂の幼稚園教育要領の中に位置付けられた。子ども・子育て支援新制度の下では、一時預かり事業（幼稚園型）となる。

　小集団で、異年齢が交流できる預かり保育は、教育時間では体験できない保育が展開される機会にもなる。安息を重視しながらも、教育時間中の活動が継続できたり、冒険的な遊びができたりと、自由度の高い時間を過ごせるような環境づくりに配慮したい。保育日誌等の記録を活用するなど、教師と預かり保育の担当者が連携するとともに園全体でも共通理解し、園の教育目標を意識した、保育内容であることが望まれる。

3　子どもの「いま」の充実

　延長保育、預かり保育の実施に際しては、保護者の状況に配慮すると共に、子どもの福祉が尊重されるよう努めなければならない。そして家庭と「共に育てる」関係が深まることが期待される。保育は知力も想像力も含めた力を注ぐ、人を育てる行為であることを常に意識したい。

　近年、海外の研究により、母親のみによる養育を受けているか、母親以外による保育を受けているかを比べても、子どもの発達に及ぼす影響に差は見られないこと、また、社会情動的スキルを、乳幼児期に身に付けることが、大人になってからの生活に大きな差を生じさせることなどが明らかになり、保育の重要性への認識がさらに高まってきている。

どのような設定時間であっても、一人ひとりの子どもにとっては、全てがかけがえのない大切な時間である。保育者は子どもの「いま」を充実させる意識を持って、子どもと向き合う姿勢でありたい。

第3節　小規模保育に対応して

1　地域型保育事業について

子ども・子育て支援新制度において、創設された地域型保育事業は、保育所等より少人数の単位で、0～2歳の子どもを保育する事業である。都市部においては待機児童解消として、子どもの数が減少傾向にある地域においては、保育機能の確保としての需要が見込まれる。地域型保育事業には、小規模保育（利用定員6人以上19人以下）、家庭的保育（利用定員5人以下）、居宅訪問型保育、事業所内保育（従業員の子どもの他、地域において保育を必要とする子どもにも保育を提供）の4つの型がある。

2　小規模保育と集団保育機関との連携

小規模保育や家庭的保育等の地域型保育事業においても、それぞれの特性に留意しつつ、保育所保育指針の内容に準じて、保育が行われるべきものと定められている。保育指針はこれらの事業者が参照することを想定されており、3歳未満児の保育に関しては、具体的な保育実践の向上に資するものとなっている。

子ども・子育て支援新制度の下で、保育所等は、小規模保育等との連携や、卒園児の受け入れに関する配慮等が求められている。卒園児の受け入れが見込まれる保育機関では、連携関係の構築が重要であり、共同の研修などを通じて、地域全体の保育の質の維持・向上を図っていく姿勢も重要であるといえる。3歳未満児までの保育から、3歳以上児の保

育への連続性について、日頃の連携の場面から留意し、保育要録の活用等についても検討が必要である。

第4節 多文化共生保育に対応して

1 多文化共生保育とは

多文化共生保育とは、さまざまな文化を持つ子どもが、安心して自分らしく生きるために、必要な力を身につける保育であるといえる。違いを理解する一方で、同じことを知ることも大切である。ここでは国籍・民族の違い、宗教、生活習慣等を含めたあらゆる文化多様性を意味する。

保育所保育指針には、子どもの国籍や文化の違いを認め、子どもの性差や個人差に固定的な意識を植え付けることがないよう、配慮することなどが明記されている。子どもたちが積極的に、異なる文化を知って尊重する保育が推奨されているといえる。

多文化共生の保育の中で、子どもの権利が保障されるためには、保育者の文化多様性に関する正しい認識と、尊厳に基づいた理解が必要である。子どもたちが将来にわたって国籍・宗教・性差などの個人差により、人を差別したり、偏見を持ったりすることがないよう、保育者自身が常に自己の価値観や言動を省察する姿勢が求められる。

2 外国にルーツを持つ子どもたちの保育

外国にルーツを持つ子どもが在籍する施設の中には、その子どもたちの国の行事に親しむ機会を取り入れるなどの、取り組みをしているところがある。しかし日本語を母語としない子どもたちの、発達への影響といった課題については、確立した対応方法まで至っていないのが現状である。

子どもの日本文化への早い適応と比較して、保護者の適応においては、

困難が見られる場合もある。保護者の中には、言語や生活習慣の違いから不安を抱え込む事例もあり、子育て支援への特別な配慮も必要である。

これらの課題に対応できる体制づくりと共に、多文化共生保育に関する養成機関における学習および保育現場における、研修の機会の充実が求められている。

第5節 特別支援に対応して

1 発達障害について

幼少時からその兆しが見られる発達障害は、保育の領域においても近年さまざまな関心を集めている。家庭においては、愛着行動の乏しさや独特なこだわり行動などから、保育機関においては、集団行動の困難さから気付く場合が多い。障害には程度の違いがあり、程度が軽くなると普通の人の苦手さと連動し、程度が重くなると質的な障害となる。その中間部分は対応の仕方で困難が生じたり、生じなかったりするため、対応により障害であったり、なかったりする領域があるといわれる。

発達障害の子どもは年齢が進むにつれて発達し、障害が軽減する方に向かうと、診断が消失することもある。よい対応により、その子どもの困難をできるだけ軽減することが、保育者の目標となるであろう。

2 障害児への配慮

2005年施行の発達障害者支援法には、保育の場において、発達障害児の健全な発達が、他の児童と共に生活することを通じて図られるよう、適切な配慮をするものとすると明記された。2012年施行の児童福祉法では「保育所等訪問支援」が創設された。

幼稚園教育要領、保育所保育指針、幼保連携型認定こども園教育・保

育要領には、障害のある一人ひとりの子どもの発達過程や障害の状態を把握して、障害のある子どもが、他の子どもとの生活を通して共に成長できるよう、指導計画に位置付けること、専門機関との連携を図り、必要に応じて助言等を得ることなどの記述が見られる。これらの背景には、次に述べる特別支援教育に関する潮流の変化があった。

3 特別支援教育の転換

　従来は、障害のある子どもを、その障害の種類と程度に応じて、特別支援学校、特別支援学級または通級教室において教育するなどの措置が講じられてきた。障害種別に応じて専門化した教育の場を整備し、そこに子どもをつなげて、障害のある子どもに適切な教育を保障する枠組みであった。

　近年、障害のあるその人の生き方にもっと目を向け、充実した生活が送れるように援助するという方向にシフトしてきた。普通の子どもたちと共に育ち合う機会を持つ意味が改めて問われ、障害のある人もない人も、共に手を携えて生きて行くことのできる社会の実現を目指す「インクルージョン（inclusion）」の考え方が、社会的潮流となってきた。

　支援の対象として、発達障害が加えられると共に、支援のあり方として一人ひとりのニーズに応えるという視点が強調され、必要に応じて教育、医療、福祉などの領域を超えた関係諸資源と連携・協働するシステムへと、特別支援教育が転換していった。

4 インクルーシブ保育

　欧米、特にアメリカの障害児教育界で、1990年代から使われるようになったインクルージョンは、全てを含み込むという意味を持ち、2014年に日本が批准した障害者権利条約において、重要な理念の1つとなっている。障害や困難を抱えている人が、排除されることなく、豊かに発達していくことが目指される。保育界においても、障害児と健常児という

二元論に立つ統合保育から、発達上の困難を持つ全ての子どもを含み込む保育「インクルーシブ保育」への転換が見られる。保育者は今後、その理念と実現のための具体的な方法を習得することが求められる。

インクルーシブ保育の場で大切なことは、その環境に全ての子どもが安心して参加していることである。保育者は、子どもの気になる行動に関心を向けるより、発達する部分に目を向けて、保護者と共にそれを楽しめるような関係づくりを目指したい。

第6節 情報化社会に対応して

1 メディアとシステム発展への懸念

インターネット、携帯電話などの各種情報機器とシステムは急速な勢いで発展している。メディアとの長時間に及ぶ接触は人類が経験したことのないものとなり、人との関わり合いや、遊びなどの実体験を重ねることによって、心と身体を成長・発達させる乳幼児への影響が懸念されている。

現在の親世代は、新しいメディアを活用してきた世代であるため、それ以前の親世代と比べて、子どもたちのメディア接触については寛容であるといわれる。家事や仕事などの時間を確保する目的で、また乳幼児期からの早期教育を目的として、子どもに視聴させる例も見られる。

2 長時間メディア接触と乳幼児の健康

乳児期からの長時間のメディア接触から、心身の発達の遅れや歪みが生じた事例が、小児臨床において報告されている。日本小児科医会では、2004（平成16）年に子どもとメディアに関する以下の具体的提言をしている。

1. 2歳までのテレビ・ビデオ視聴は控えましょう。
2. 授乳中、食事中のテレビ・ビデオの視聴は止めましょう。

3. 全てのメディアへ接触する総時間を制限することが重要です。1日2時間までを目安と考えます。テレビゲームは1日30分までを目安と考えます。
4. 子ども部屋には、テレビ、ビデオ、パーソナルコンピューターを置かないようにしましょう。
5. 保護者と子どもで、メディアを上手に利用するルールをつくりましょう。

さらに乳幼児とスマホの問題についても、2013年に同医会から「スマホに子守りをさせないで」との提言がなされている。

3　メディア・リテラシーの育成に向けて

保育者には、メディアが与える影響のプラス・マイナス両面を踏まえ、早期からメディアを使いこなす能力の育成を始めていく役割や、各家庭への啓発の中心的な担い手としての役割などが期待される。そのためには保育者自身がメディア・リテラシーを身に付け、その必要性について、より深く理解する姿勢が求められるであろう。

【引用・参考文献】
秋田喜代美監修、山邉昭則・多賀厳太郎編　『あらゆる学問は保育につながる』東京大学出版会、2016年
五十嵐隆・平岩幹男編　『発達障害の理解と対応〔改訂第2版〕』（小児科臨床ピクシス2）　中山書店　2014年
津守真『保育者の地平―私的体験から普遍に向けて』ミネルヴァ書房、1997年
日本子ども学会編（菅原ますみ・松本聡子 訳）『保育の質と子どもの発達 アメリカ国立小児保健・人間発達研究所の長期追跡研究から』赤ちゃんとママ社、2009年

（石山ゐづ美）

【監修者紹介】

谷田貝公昭（やたがい・まさあき）
　目白大学名誉教授
［主な著書］『しつけ事典』（監修、一藝社、2013年）、『新版・保育用語辞典』（編集代表、一藝社、2016年）、『実践・保育内容シリーズ［全6巻］』（監修、一藝社、2014～2015年）、『絵でわかるこどものせいかつずかん［全4巻］』（監修、合同出版、2012年）ほか多数

石橋哲成　（いしばし・てつなり）
　玉川大学名誉教授、田園調布学園大学大学院教授
［主な著書］『ペスタロッチー・フレーベル事典』（共編著、玉川大学出版部、2006年）、『ペスタロッチー・フレーベルと日本の近代教育』（共著、玉川大学出版部、2009年）、『新版・保育用語辞典』（共編著、一藝社、2016年）ほか多数

【編著者紹介】

大沢　裕　（おおさわ・ひろし）
　松蔭大学コミュニケーション文化学部教授
［主な著書］『幼児理解』（単編・共著、一藝社、2017年）、『保育者養成シリーズ・教育原理』（単編・共著、一藝社、2012年）、『幼稚園と小学校の教育－初等教育の原理』（共著、東信堂、2011年）、『ペスタロッチー・フレーベル事典』（共著、玉川大学出版部、2006年）ほか多数

高橋弥生（たかはし・やよい）
　目白大学人間学部教授
［主な著書］『しつけ事典』（編集代表、一藝社、2013年）、『健康　実践・保育内容シリーズ』編著、一藝社、2014年）、『データでみる幼児の基本的生活習慣』（共著、一藝社、2007年）、『イラストでわかる日本の伝統行事・行事食』（共著、合同出版、2017年）ほか多数

【執筆者紹介】（五十音順）

　五十嵐紗織（いがらし・さおり）　　［第8章］
　　　信州豊南短期大学助教

　石山ゐづ美（いしやま・いづみ）　　［第15章］
　　　常葉大学保育学部教授

　大沢　　裕（おおさわ・ひろし）　　［第1章］
　　　〈編著者紹介参照〉

　大槻千秋（おおつき・ちあき）　　　［第6章］
　　　帝京科学大学教育人間科学部准教授

　大桃伸一（おおもも・しんいち）　　［第4章］
　　　東北文教大学人間科学部教授

　小野順子（おの・じゅんこ）　　　　［第2章］
　　　中国短期大学教授

　小尾麻希子（おび・まきこ）　　　　［第13章］
　　　武庫川女子大学短期大学部講師

　兼間和美（かねま・かずみ）　　　　［第10章］
　　　四国大学生活科学部講師

　髙橋弥生（たかはし・やよい）　　　［第5章］
　　　〈編著者紹介参照〉

　中田尚美（なかた・ひさみ）　　　　［第7章］
　　　神戸常盤大学教育学部教授

黒田宣代（くろだ・のぶよ）［第14章］
　　東亜大学人間科学部准教授

野末晃秀（のずえ・あきひで）　　［第9章］
　　松蔭大学コミュニケーション文化学部講師

馬場結子（ばば・ゆうこ）　　　　［第3章］
　　川村学園女子大学准教授

古金悦子（ふるかね・えつこ）　　［第11章］
　　松蔭大学コミュニケーション文化学部准教授

前田和代（まえだ・かずよ）　　　［第12章］
　　東京家政大学家政学部児童学科専任講師

　　　　装丁（デザイン）齋藤視倭子
　　　　　　　（イラスト）宮林道夫

コンパクト版保育者養成シリーズ

新版 保育内容総論

2018年3月30日　初版第1刷発行
2019年3月25日　初版第2刷発行
2021年3月1日　初版第3刷発行

監修者　谷田貝 公昭・石橋 哲成
編著者　大沢　裕・髙橋 弥生
発行者　菊池 公男
発行所　株式会社 一藝社
〒160-0014 東京都新宿区内藤町1-6
Tel. 03-5312-8890　Fax. 03-5312-8895
E-mail : info@ichigeisha.co.jp
HP : http://www.ichigeisha.co.jp
振替　東京 00180-5-350802
印刷・製本　シナノ書籍印刷株式会社

©Masaaki Yatagai, Tetsunari Ishibashi 2018 Printed in Japan
ISBN 978-4-86359-148-6 C3037
乱丁・落丁本はお取り替えいたします